内定必達 絶対に書ける!

志望動機

占部礼二●著

秀和システム

はじめに

「志望動機が書けずに悩んでいる」「将来やりたいことがわからず、職業選択に悩んでいる」——。おそらくこの2つの悩みを抱えている方が、本書を手に取ってくださったのではないかと思います。

はじめまして、占部礼二と申します。僕はいま、6つの大学でキャリア教育・就職支援の講師とキャリアカウンセラーをしています。この本のテーマは「志望動機」と「職業選択」です。志望動機をどう書くのか、良い職業選択をするにはどうすればいいのか。学生の皆さんが抱えるこの問いに対して向き合ったのがこの本です。

自己PRと志望動機、難しいのはどっち？

僕が就職指導の仕事を始めて10年が過ぎました。学生を見ていると、圧倒的に志望動機が書けないと悩む人が多いです。職業選択ができないから、つまり「将来やりたいことが決められない」と悩んでいるから、志望動機が書けないのです。

就活が進むと、みんな自己PRはどんどんうまくなっていきます。何度も面接を経て試行錯誤をすることで、どんどんブラッシュアップされていきます。

でも不思議なことに、志望動機は上手くなっていきません。半年たっても、一年たっても同じような内容ばかり書いてしまう。それは「良い志望動機の書き方」と「良い職業選択のやり方」がわかっていないからです。

本書の特徴

本書の特徴を申し上げます。①職業選択について、ある一定の「ロジック」がある、②（僕が考える）正解に近い「働く100人の志望動機」がある。この2点です。

まずは前半では、「良い職業選択のやり方」について説明し、それに紐づいた「良い志望動機の書き方」を説明します。

そして後半では、最前線で働く100人のビジネスマンが、今働いている、あるいは以前働いていた会社に向けて書いた志望動機を載せています。働く

人たちの言葉に触れて、ヒントを掴んでください。

　これらの特徴は、志望動機を書く上で参考にする就職本や口コミサイトには無いものです。

参考にする手段がない

　このテーマを扱うことになった経緯をお話しします。僕が就職活動を始めたのは2002年の冬。自分のやりたい仕事がわからず、将来の進路を決められずに悩み苦しみました。

　拙著『知っておきたい「業界別」仕事を考える本』にも書いたのですが、その悩みを解消するための手段がありませんでした。就職課(今で言うキャリアセンター)やゼミの先生に相談に行っても、はっきりとしないボヤけたアドバイスばかり。自分で調べるにも職業選択や志望動機についての本はほとんどありませんでした。

　時間が過ぎて現在はどうでしょうか。職業選択や志望動機については、実は今も変わらず、学生の皆さんにとって良い手本になる本がありません。

　それでは、志望動機を書く際に何を参考にしますか？　「ゼミやサークルの先輩から書いたものを見せてもらう」「書店で売っている就職対策本を読む」「『みんしゅう』などの口コミサイトにある、誰かが書いた志望動機を見る」など、いろいろな手段があります。でも、どれも有効とは思えません。

就活本や口コミサイトは活用できない？

　たとえば就活本。書店に行けばたくさんの種類のものが出ています。就活全般の情報が載っているガイド本をはじめ、自己分析、自己PR、履歴書・エントリーシート、面接などのテーマに特化した本がたくさんあります。

　するとあることに気づきました。これだけあらゆるジャンルの就活本が売られているのに、志望動機をテーマにしたものは一冊も無いのです。これが最初のきっかけでした。

　僕が調べた限りですが、書店でもamazonでも見つけられません。ガイド本やエントリーシート対策本の中には、全体の中の一部として、志望動機について書いているものもあります。しかし、質・量ともに全く足りません。

職業選択に関するロジックも、失礼ながら書き手の経験則に寄りすぎていて、一面的なものがほとんどです。これでは参考にするのは難しい……。

　また、「みんしゅう」といった就活に関する口コミサイトがあり、過去の就活生たちが書いた志望動機がアップされています。僕も時間をかけて読んだこともあるのですが、まさに玉石混合でした。良いものと悪いものの差がとても大きい。
　僕は就活を指導する立場であり、かつ、こういった本を書くくらいですから、リテラシーは高い方だと思います。だから良い・悪いを見分ける力がある程度備わっています。しかし、「良い志望動機」「良い職業選択」についての知識や理解を持っていない学生が読んだとしたらどうでしょう。なかなかうまく活かせないのではないでしょうか。

　就活本もそうです。内定者が書いたという実例がたくさん載っていますが、これもまた玉石混合です。良い志望動機や良い職業選択の基本をしっかりと理解しておけば、就活本にある実例もうまく取捨選択できるのではないでしょうか。

志望動機の正解とは？
　志望動機の正解って何だろうか——。答えを探す旅が始まりました。まずは企業の採用担当をしている知り合いに片っ端から会いに行きました。この問いを投げてみると、みんな答えはバラバラ……。
　「OB・OG訪問の内容を必ず書いて欲しい」「何がしたいのか、企画を考えるくらい具体的なものを」「うちの会社でないといけない理由が欲しい」「細かい話よりも、とにかく熱意を！」なんて感じ。バラバラな意見なんだな〜(笑)と驚きました。
　どうして学生は志望動機を書くのが苦手なのか。そもそも働いたことが無いからです。もちろんアルバイトも働くことではありますが、新卒採用の就職活動とは選考のハードル、実際にやる仕事のレベルが違います。

　そこでこう思いました。じゃあ、実際に今働いている人が、働いている会社に、あるいは昔働いていた会社に向けて書いた志望動機を集めたら、正解

に近いものが見つかるんじゃないか！？　こうして2016年の春ごろから取材を始めて、足掛け4年かかって100人分の志望動機を集めました（実際には120人分ほど集めて選びました。載せられなかった方、本当にごめんなさい！）。

　実際に働く人たちが書いた生の言葉に触れることで、きっとヒントが見つかるはずです。人は言葉に触れて価値観を育てたり、知識を得たりすることができます。とても良い言葉がありますので、ぜひ参考にしてください。

そもそも志望動機は必要なのか？

　志望動機に対する評価は企業によって違う——。新卒採用の担当をしている友人の話は興味深いものでした。「え？　志望動機に対する評価が違うの？」。自己PRは、面接では必ず聞かれますし、その内容によって「良い・悪い」の評価が決まります。しかし、志望動機は内容以前に、そもそも選考の評価基準に「あるか・ないか」が違うと言うのです。

　友人の会社は大学生にとって非常に知名度があり、応募人数が非常に多い。でも、会社自体の規模は小さく、採用人数も多くて両手で足りる人数しか採用しません。そうなると「志望動機」が大きなハードルになります。「何がしたいのか」を深掘りすることで、学生をしっかりと評価して絞り込むのです。

　それに対して、全国展開をしている小売チェーンの採用担当者は、「志望動機を評価の基準に挙げてしまうと、学生が採用できなくなる……」と言いました。

　全国展開しているだけあり、毎年の採用予定人数は300人。担当者の一番のミッションは採用予定人数を採用することですから、300人採用しようと思うと、日本全国で大規模な採用活動展開しないと達成できません。そして、そもそも小売業は土日祝の仕事は当たり前と不人気でもあります。

　大量採用しようとすると、学生が答えにくい「志望動機」を評価の基準に入れてしまうと、自分の首を絞めてしまうことになるのです。

　こんな意見もあります。「面接で志望動機を聞きすぎると、学生の志望度が逆に下がってしまう……」と。

　面接官は親切心から「やりたいことが何かを見つけてあげよう！」と、一生懸命質問します。でも、学生はなかなか明確な答えを持っていません。する

と学生は、「"やりたいこと"がうまく答えられなかった……。この会社には合っていないんじゃないか」と思ってしまい、選考を辞退することもあります。

それじゃあ本末転倒です。そこで人事部から「志望動機は聞かないで」と面接官に指示が出ることもあるそうです。

じゃあ志望動機を考える必要ってあるの？　「もちろんあります！」と僕は答えたい。

1次、2次の面接では聞かれなくても、最終面接など終盤に差しかかると、聞かれる可能性はぐんと上がってきます。たまに「最後まで志望動機を聞かれなかった」という学生がいますが、かなり稀なケースでしょう。そもそも志望動機は、履歴書やエントリーシートでは必ずと言ってよいほど書かなければいけません。

またコロナウィルスの影響で、これから数年は就職内定率が下がるおそれがあります。より「何をしたいのか」を問われることになるかもしれません。

「就職率が下がったら、選んでいる余裕なんてないじゃないですか！」という声が聞こえてきそうですが、本当にそうでしょうか。ある学生は、そのスタンスで「なんでもやります！」と面接で言ったとしましょう。また別の学生は、一生懸命考えて「何がやりたいのか」をアピールしたとしましょう。どちらの学生の方が優秀で魅力的に見えますか？

やっぱり後者なんじゃないでしょうか。

「なんでもやります」というのは、ある意味簡単です。思考を放棄していると言っても過言ではありません。就職しづらい世の中になるほど、しっかりと考えないといけないのではないでしょうか。

そして何より、内定を取るためじゃなく、自分のキャリアデザインため、人生のために、志望動機をしっかりと考えて欲しい。将来どんなキャリアを積んでいきたいのか、どんな仕事をしていきたいのか、何を大事にするのか。それを「面接で聞かれないからどうでもいい」と将来と向き合わない人が、社会人になって成功するとは思えません。

就職活動という将来について考えるこの時期に、ぜひ一生懸命「志望動機」「職業選択」という問いに向き合っていただきたいと思います。

著者プロフィール

　1981年生まれ。2004年に関西大学を卒業し、人材派遣のパソナに入社。法人営業を経験します。

　学生のときに社会人と学生が集まって就職活動について学ぶ「森ゼミ」に出会い、主催者の森吉弘さん（当時、NHKの現役アナウンサー。現在は帝京大学准教授）から、文章の書き方・プレゼンテーションのやり方を教わりました。

　森さんとのご縁から2008年に「株式会社森ゼミ」の立ち上げに関わります。東京の文京区に一軒家を借りて事務所とし、事務所の階の上にある部屋に住み込むこと3年。階段を降りたらすぐ仕事場で、休日も人が出入りする。今思うとプライベートがほとんどない、なんてホラーな環境（笑）。

　就活が始まると、全国から学生が上京してきて、一軒家の事務所に泊っていきます。僕は住み込んでいますから、当然学生から相談やお願いをされます。時には一緒に自己分的をしたり、夜通し履歴書を添削したり、面接の練習をしたり。就活生と24時間営業で向き合ったこのとき得た経験・知識・ノウハウ・喜びは一番の財産です。

　2016年に独立。東京・大阪の6つの大学でキャリア教育・就職支援講座の講師・キャリアカウンセラーをしています。「職業選択」や「志望動機」をメインテーマにした授業を行い、独自の視点を活かした「業界研究ワークショップ」に力を入れています。キャリアに関する論文や就活本の執筆にチャレンジも。

目次

第4章　ライバルに差がつく！　志望動機の書き方

第5章　働く100人の志望動機

資料

コラム目次

第**1**章
「やりたいことが特になくて……」と悩むあなたへ

　やりたいことってなんだろう……。こんな悩みを抱えたことはありませんか？　誰しも必ず一度は悩んだことがあるこの問。「やりたいこと」ってどうやって見つければいいのか。

　本章では「やりたいこと」の正体を考えてみます。「将来やりたいことがある！」と言い切れる人は選ぶべきものが選べている状態にあるのではないでしょうか。「やりたいこと」を定めるには何かを選べるようにならなければいけません。何を選ぶ必要があるのかをこの章で明確にしましょう近年の就職活動をとりまく現状も交えて方向性を示していきます。

1-1

「やりたいこと」の正体って?

☑「やりたいことが特になくて……」と悩む

　大学での講義の終わりにこんな相談に来た学生がいました。「やりたいことが特になくて……。どうすればいいでしょうか」。

　やりたいことを見つけるのって本当に難しいですよね。学生のあなたはそもそも働いたことがないんだから、そんな簡単に見つけられるはずがありません。ほとんどの大人だって見つけられずにいるのではないかと思います。

　とはいえ一方では、「やりたいことがあるんだよね!」「将来○○がしたい!」と言い切る人もいたりします。その違いはどこにあるのでしょうか。

　相談を受けると、僕は最初に必ずこう質問します。「じゃあ"やりたいこと"って何を選べている必要があると思う?」と。すると、ほとんどの学生は「え? どういうこと?」とフリーズしてしまいます。

　つまり、「やりたいことがある」と言い切れる学生は、選ぶべきものが選べているといえるのです。一方、悩む学生は、そもそも「何を選べるようにならなければいけないか」に気づいていません。

☑ 何を選べるようになる必要があるのか

　「やりたいこと」と聞かれると、すぐに「夢」といった漠然とした抽象的なものをイメージしようとしていませんか?　それでは、いつまでたっても「やりたいこと」の正体はわからないままです。

　「やりたいことを定める」ということは、「良い職業選択ができる」と同じ意味だと考えています。あなたが人生のファーストキャリアを選ぶ上で、「選択しなければいけないこと」はいったい何なのでしょうか?

1

答えは、業界・職種・企業を選ぶことです。「はぁ？ 何をそんな当たり前のことを……」と感じましたか？ でも、就職活動をしたことがある人なら、至極あたりまえのことです。就職サイトでも業界・職種が検索項目にあり、さらに細かく希望や条件を入力し、企業を絞り込んでいきます。

☑「業界・職種・企業」を正しく選べるようになろう

大学生は就職活動の中で、業界・職種・企業を必ず選ばなければいけません。しかし、当たり前のことではあるんですが、この当たり前の3つがうまく選べない学生が実は多いんです。

もちろん「思いつきで」「適当に」「何となく」選べばいいなんてことはありません。第2章、第3章で詳しく説明しますが、この選択にはある一定のロジックが必要で、それをちゃんと認識できている必要があります。つまり、「良い職業選択とは何か」をしっかりと認識できていなければいけません。1-2節では、世の中の大学生がそれをわかっているのか考えてみましょう。

☑「何をするかではなく、誰とするかだ！」と言った学生

「僕は学生時代、何もやりたいことが見つかりませんでした。だから、やりたいことはありません。それよりも何をするかではなく、誰とするかが大事なんじゃないでしょうか！？」といった学生がいました。その学生は就職活動を行った結果、数社に内定をもらい、金融業界の企業に入社をしました。そして、どうなったか？

数年の間に転職を繰り返しました。知る限りではそこから2社、それも全く別の業界に。その後はどうしているのか……。

職業選択の基準をしっかりと考えずに、内定をもらったからという理由で就職を決めてしまうと、その先ずっとフラフラした社会人生活を送ることになってしまう可能性があります。これを機に、しっかりと判断基準を持って社会に出ていきませんか？

1-2
自己PRと志望動機、難しいのはどっち？

☑ 3人に2人が難しいと答えた志望動機

　「自己PR」と「志望動機」の二大質問、どちらの方が難しいと思いますか？図1は「マイナビ学生の窓口」で行われたアンケートの結果です。3人に2人が「志望動機が難しい」と答えました。母数が少ないようにも思いますが、この結果については体感的に僕も同じ意見です。

　キャリアセンターでカウンセラーをしていると、「久しぶりに面接練習してもらえませんか〜」と相談に来る学生がいます。
　プレゼンを聞いてみると、みんな自己PRは必ずと言っていいほどうまくなっています。面接の経験を経て、試行錯誤を繰り返したのでしょう。でも不思議なことに半年たっても志望動機は上手くなっていきません……。

☑ 選択基準が偏っている可能性がある

　図2は、就職みらい研究所が行ったアンケート調査の結果です。民間企業への就職が確定している978人が対象ですが、「就職先の決め手」について調べています。
　一番多かったのが「自らの成長が期待できる」(47.1%)でした。全体的に「自分にとってどんなプラスがあるか」という判断基準が多いことと、業界や職種についての視点がほとんどないことが特徴です。

　もちろん、選択肢から選ぶ形式なので、業界や職種についての判断基準が出てこないだけかもしれません。ただ、アンケートを行っている大人の視点の中にも、最終的に進路先を決めるにあたっての判断基準として、「企業をどう選ぶのか」「自分にどんなプラスがあるのか」という視点に寄り過ぎてい

1

るのではないかと考えます。

　大人の知識や感覚においても、業界や職種をどう選ぶのかが希薄になっているのかもしれません。

■図1：自己PRと志望動機、難しいと感じたのは？

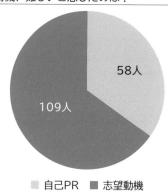

58人

109人

 自己PR 志望動機

マイナビ学生の窓口調べ　2017年4月22日

■図2：就職先の決め手

就職先を確定する際に、決め手になった項目をすべて教えてください。（複数選択）n=978

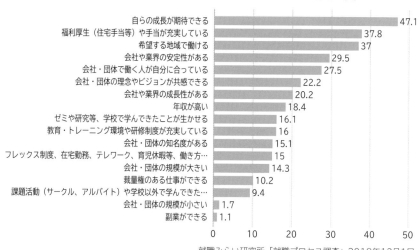

項目	値
自らの成長が期待できる	47.1
福利厚生（住宅手当等）や手当が充実している	37.8
希望する地域で働ける	37
会社や業界の安定性がある	29.5
会社・団体で働く人が自分に合っている	27.5
会社・団体の理念やビジョンが共感できる	22.2
会社や業界の成長性がある	20.2
年収が高い	18.4
ゼミや研究等、学校で学んできたことが生かせる	16.1
教育・トレーニング環境や研修制度が充実している	16
会社・団体の知名度がある	15.1
フレックス制度、在宅勤務、テレワーク、育児休暇等、働き方…	15
会社・団体の規模が大きい	14.3
裁量権のある仕事ができる	10.2
課題活動（サークル、アルバイト）や学校以外で学んできた…	9.4
会社・団体の規模が小さい	1.7
副業ができる	1.1

就職みらい研究所「就職プロセス調査」2018年12月1日

1-3
就職内定率の高さを信じていいの？

☑ 2019年3月卒の就職内定率は97.6％

　厚生労働省と文部科学省が発表している就職内定率は、2019年3月卒の学生で97.6％と高い数値が出ました（図3）。

　もちろん、これは就職希望者を対象とした割合なので、この数字がどこまで信頼できるのか議論の余地はあります。しかし、就職希望をすれば、高い確率で内定を得ることができる世の中になっていることは事実といえるでしょう。

　これは少子高齢化が一因となって生み出した状況といわれています。団塊の世代の労働力人口が市場から減っていき、それに対して入ってくる新卒の若者たちは減少傾向にあります。こうして「超売り手市場」の時代になったといわれています。

　もちろん、これはコロナウィルスの騒動が起こるまでの話です。ここから数年は、リーマンショックのときと同じように、内定率が落ち込む可能性があります。

☑ 10年で2万7000人のサービス業従事者が増えた

　別の視点から考えてみましょう。図4は厚生労働省のデータです。企業からハローワークに届け出があった雇用保険の加入届や喪失届をもとに、どれくらいの学生が各業界に就職しているのかをまとめたデータです。

　平成18年3月卒は423,686人の若者が、平成28年3月卒は441,344人の若者が就職しています。ちなみに人数が増えているのは、大学の進学率が増えたためです。

　ポイントは、どの業界が減って、どの業界が増えているのかです。特に減っているのは製造業です。工場での生産にAIが入ってきてオートメーション化

が進み、労働力が削られるようになったからです。対して、増えているのは
サービス業。この10年間で約27,000人の就業人数の変化がありました。この
産業構造の転換は昭和40年代くらいから始まっているといわれていて、今に
始まったことでもありませんが。

　こうした状況があなたの就活にどう関わるのかは1-4節で説明します。

■図3：就職(内定)率の推移(大学)　　厚生労働省

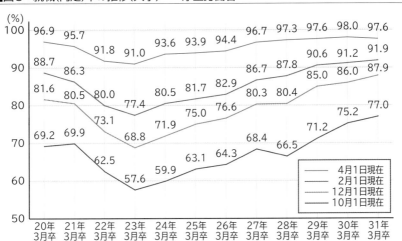

■図4：新規学卒者の事業所規模別・産業別離職状況　　厚生労働省

	平成18年3月卒	平成28年3月卒	増減
	423,686	441,344	17,658
鉱業	177	193	16
建設業	15,595	19,171	3,576
製造業	76,117	68,480	-7,637
電気・ガス・水道業	1,467	1,942	475
情報通信業	36,600	40,198	3,598
運輸業、郵便業	12,762	14,143	1,381
卸売業	41,992	36,006	-5,986
小売業	46,152	46,095	-57
金融・保険業	35,287	37,198	1,911
不動産	13,512	13,118	-394
サービス業	137,826	165,115	27,289
その他	6,199	7,161	962

1-4

3年で50%が辞める○○業界!

☑宿泊・飲食は3年で50%を超える

前節で、年々サービス業界に就職していく学生の数が増えているという話をしました。この数は今後、さらに増えていきます。

ここで離職率のデータ(図5)を見てみましょう。図4と同じく、厚生労働省のデータをもとに作ったグラフです。それぞれの業界に就職した学生たちの離職率を表すデータです。

業界ごとに3つの棒グラフがありますが、左は入社して1年目に辞めた割合、真ん中はそれに2年目に辞めた人を足した割合、右は3年目に辞めた人を足した割合です。

全体的に見て、サービス業の割合が高くなっていることに気づきます。宿泊・飲食は3年で、何と50%の人が離職しています。

カウンセリングの際にこんな学生がいました。「選考に落ち続けてしまい、応募する企業が減ってきたんですが……」と。

就職活動を3か月も続けていると、最初に志望した企業群の合否が出てきます。人によりますが、10〜20社くらい応募したとすると、その中からうまく内定が出ればいいのですが、もちろん思い通りに内定が出ないこともあります。そうなると、応募しようと思っていた企業が少なくなってきて、じりじりと不安を感じます。

そんななか応募先を新たに探そうと就職サイトを開いてみると、小売業やサービス業が目につくんです。「試しに受けてみるか〜」と気軽に応募してみると、トントン拍子に面接が進むことに。

　今までと違い、人事担当者から「○○さんは素晴らしい。とても高い評価をしています」と好感触。「あれ？　実はこの業界、自分に合っているんじゃないか？」と、楽になりたい一心で安易に思い込んでしまう人がいます。

　この感覚で就職先を決めてしまうと、3年で辞めてしまう50％の層になる恐れがあります。

■図5：新規学卒者の事業所規模別・産業別離職状況

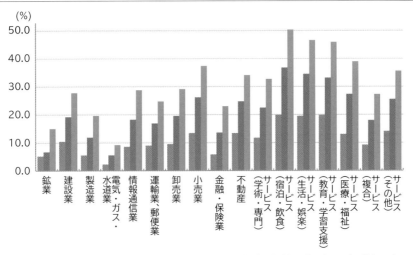

（厚生労働省）平成28年3月卒の学生のデータ

☑ちゃんと考えて選べるようになろう

　ここで言いたいのは、「サービス業界はブラックだから止めた方がよい」ということでは決してありません。

　考え方にもよりますが、半分の50％が辞めたとしても、残りの50％の人は3年を超えて頑張って働き続け、しっかりと業界に定着しているとも考えられます。大切なことは、しっかりと考えて職業選択をして、辞めない方の50％になれるかどうかです。

　先に書いたように、流れに身を任せてしまって何となく決めてしまうと、3年で辞めてしまう50％になってしまいます。何となく進路先を決めるのではなく、正しく決められるようになって欲しいんです。

コラム①　就活までどんな準備をすればいいですか？

「就活が始まるまでにどんな準備すればいいですか？」──。この本のテーマでもある職業選択のための準備という視点でアドバイスするなら、「テーマを見つけよう」といいたい。どんなことでも結構です。興味や関心のあることをとことん追いかけてみてください。アルバイト、趣味、部活動、サークル、留学、どんなステージでも見つけることはきっとできるはずです。

特におススメしたいのは「学業」です。「え〜？　なんで〜？」という声が聞こえてきそうです（笑）。

僕が就職活動をしていたころ、企業の採用テーマは「コミュニケーション力」でした。企業セミナーに行くと「机の上で勉強したことは社会に出たら何も役に立たないから」と何度も言われました。

でも、果たしてそうでしょうか。大学での学業の特徴といえば、レポート・論文を書くことです。うまく書けるようになるためには、問う力、考える力、調べる力が必要になります。このような力は、社会人になってから、特に管理職やリーダーに必要な資質だと僕は思っています。コミュニケーション力だけでうまくその場を切り抜けられるのは大学を出て5〜6年くらいじゃないでしょうか。そこから昇進するにつれて、考える力が求められてきます。

このような力が必要だと気づいたのはここ数年です。独立してから本や講座の企画書を書いてよく提案活動をしているのですが、学生時代にちゃんと学問（問うを学ぶ）ことをしてこなかった僕は、本当にいま苦労しています……。「考える力が足りないな〜」と日々苦戦です（汗）。

専攻している学問の中でテーマを見つけて、それを一生懸命調べているうちに将来のテーマが見えてくる。だから業界が選べるようになっていくのではないでしょうか。学問は大学生の間しかできないことの1つです。ぜひ一生懸命取り組んでみてください。

第2章

誰も教えてくれない！土台になる「職業観」

第1章で提起をした「良い職業選択」ができるようになるうえで、土台となる「職業観」について考えてみましょう。しっかりと土台を作っておかないと、同じような志望動機を書き続けることになってしまいます。大切な視点を掴んでください。

2-1
あいまいはダメ！
「手段と目的」

☑ 47都道府県を「ひとり旅」

　僕の趣味の話をしたいと思います。それは「ひとり旅」です。講義のネタ探しもあり、夏休みや冬休みといったまとまった休みが取れると、必ずリュックを担いで旅に出ていました。7年かけて47都道府県、すべて旅することができました。

　始まりは社会人2年目の夏休み。仕事に追われる日々に、「何のために働くのか……」と自分を見失っていたころ、「よし、ひとり旅に出て自分を見つめなおそう！」と鹿児島県の屋久島にバイクで向かったのです。

　屋久島ではトレッキングをしたのですが、山に原生している樹齢何百年、何千年という杉の木を見たときに、「これはお金で買えない価値があるな〜」と感じました。

　入社して、売り上げや利益を上げることを目標としていた営業マンの僕に、新しい価値観が芽生えたのです。それ以来、僕にとって旅は「手段」であり、「目的」は古いもの(年月を経たもの)を探すことになりました。

☑ 手段と目的があいまいに

　しかし、旅を続けていると「手段と目的」が曖昧になっていきました。いつの間にか旅に出ることが目的になってしまい、古いものを探すというテーマを置き去りにし、とりあえず旅に出てしまう。テーマが無いから何をしていいかわからず、とりあえず観光マップを買って、何となくお城にでも登ってみる……。

　特にこれといった驚きや発見のない、ありきたりな旅を繰り返してしまった時期がありました。何をするにも手段と目的の関係性って大事だな〜と学びました。

☑就活にもある手段と目的

この手段と目的のずれは就活でもよく起こります。履歴書やエントリーシートは「手段」です。アピールしたいことや伝えたいこと（目的）があるから、手段が活きてきます。

しかし、就活は残念ながら超負け越しです。1社内定を取るまでに、20～30社落ちる学生はざらにいます。履歴書を書いても書いても、なかなか選考や内定にたどり着けない。すると、手段であるはずの履歴書やES（エントリーシート）を書くことがいつの間にか目的になってしまい、流れ作業になってしまいます。

明日の面接に持っていかないといけない、来週の締め切りに間に合わせないといけないと、いつの間にか狙いや目的がぼやけてしまいます。そういうときは、だいたい良い文章が書けません。

では、あらためて質問です。働くこと・就職することが手段だとしたら、あなたはどんな目的を持っていますか？　あなたにとって、働くこと・就職することの目的は何ですか？

■図6：手段と目的

手段	目的
一人旅	古い物を探す
	旅にでること
履歴書	〇〇を伝えたい
就職	？？？

2-2

スタートは「職業観」作りから

☑ 働くことの目的とは？

　働くこと・就職することが「手段」だとすれば、どんな「目的」を持ちますか？

　学生にそう質問すると、よく出てくる答えが3つあります。それは、①お金をかせぐ、②自立する、③成長する。この3つです。

　どれも根本的で大切です。お金を稼がないと生きてはいけませんし、自分で生計を立てていきたいという考えは素晴らしい。仕事をしていくなかで、成長意欲を持てることも素晴らしいことです。

　しかし、この3つのよくある答えだけを持って社会に出ていくのは、とてももったいないのではないかと感じます。

☑ 1人称・2人称・3人称の職業観

　図7を見てください。まずは「自分」がいて、目の前にいる自分以外の「他人」がいる。そして、その他人の集合体として「世の中・社会」があります。これらは、1人称（自分）、2人称（他人）、3人称（世の中）という言葉に置き換えることができます。

　前述のよくある答えである「お金を稼ぐ」「自立する」「成長する」は、1人称の欲求といえます。「自分にとってどんなプラスがあるか」「自分にどんなメリットがあるか」という視点です。根本的で大切な動機ではありますが、自分のことだけを考えてしまっている状態ともいえます。

　自分の中に向いてしまっている矢印を外に向けていくことが、職業観を育てるうえで重要になります。目の前にいる人がどんなことに困っていて、どんなふうに助けたいのか（2人称の視点）を考える。世の中にどんな問題があって、それをどうやって解決したいのか（3人称の視点）を考える。自分のハッ

ピーだけではなく、他者・世の中のハッピーをどう作りたいと考えるのか。こうした視点が必要になります。

　僕はこの視点を「1人称・2人称・3人称の職業観」と呼んでいます。1人称の職業観しか持たないまま就職活動に突入してしまい、さあ志望動機を書こうとすると、どうしても1人称の枠にこり固まった志望動機になってしまうケースがよく見受けられます。2人称・3人称の視点に広げていくことが大切です。

■図7：1〜3人称の職業観のイメージ

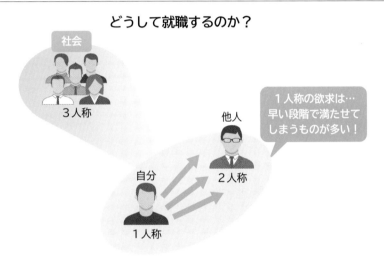

どうして就職するのか？

社会
3人称

他人
2人称

自分
1人称

1人称の欲求は…
早い段階で満たせて
しまうものが多い！

☑ 職業観が「業界・職種・企業」選びにどうつながるのか

　ずばり結論からいきましょう。3人称の視点は「業界選び」につながり、2人称の視点は「職種選び」につながり、1人称の視点は「企業選び」につながってきます。
　どうして3つの職業観と3つの選択がつながるのか。これを第3章で明らかにしていきます。

コラム②　最近増えてきた「新卒紹介」って？

　ここ数年、特に「新卒紹介」というサービスが盛んになってきました。ひょっとしたら登録したことがあるという学生さんもいるのではないでしょうか。

　このようなサービスはもともと働くビジネスマンに向けて行われていたもので、「人材紹介」というサービスです。仕事で遅くまで働いている社会人が転職をしようと思うと、転職先を探すのになかなか時間が割けません。そんなときに人材紹介会社に登録しておくと、担当のキャリアアドバイザーから企業の紹介を受けることができます。効率良く、かつ的確な転職活動ができるということで多くの方が利用しています。このサービスが近年下の世代にも降りてきたんです。

　さあ、ここで注意点です。新卒紹介サービスを行うすべての企業がそうだというつもりは全くありませんが、中には良いサービスをしてくれない会社があります。

　HPには「非公開求人」や「限定求人」、「人気業界（または職種）」など、気持ち良い誘い文句があふれています。しかしふたを開けてみると、いわゆる学生に不人気といわれる業界や、偏った業界の求人ばかりだったなどという話を学生からたびたび聞きます。サービスを展開する会社もビジネスですから、魅力的に魅せようとするのは当然のことなのでしょうけれど……。

　問題なのは、断れない学生に対して紹介を強く勧めてくるケースがあることです。社会人経験がある人ならばうまくあしらったり断ったりすることはできますが、社会人経験の無い学生はうまく断れないこともあります。「あなたに合っています！」と根拠がなくても言い続けられると、学生もついつい流されてしまう。

　そういった新しいサービスを利用することは悪くはありません。ただ、しっかりと自分の意見を持って、「NO！」を言うときは言う。しっかりと対応できるようになりたいですね。

第3章

業界・職種・企業の選び方

第2章で説明した「3つの職業観」が、業界・職種・企業の選択にどうつながるのか。本章では、業界・職種・企業について基本的なことをあらためて確認するとともに、それらを選択するためには何が必要なのかを示していきます。良い職業選択について、1つの定義を明確にします。

3-1
意外に知らない！
業界のキホン

☑ キホンを確認しよう

　まずは「業界」について基本的な確認です。「おにぎり」という商品を例にします。

　1つの商品が消費者の手に届くまでには、最低3つの業界を通っていきます。図8を見ながら読んでください。最後の〇が僕たち「消費者」で、最初の〇は原材料を作る「生産者」です。

　「生産者」によって作られた原材料は、2つ目の〇の「製造業（メーカー）」で加工され、3つ目の〇の「卸売業（商社）」の人たちによって流通され、4つ目の〇の「小売業」によってお店に陳列されます。

　商品が「消費者」の手にたどり着くまでには、少なくとも製造業・卸売業・小売業の3つの業界を通過することになります。

☑ 卸売業の役割って……

　さてここで1つ質問です。卸売業の役割ってなんだと思いますか？　製造業が作ったものを自分たちで小売店に運んでいけば、卸売業の役割って必要無いんじゃないでしょうか。途中に業界を1つ経由することで、必ず中間マージンが発生するわけですから、おにぎりの値段がいくらか高くなっているはずです。

　そう思って、失礼ながらも卸売業界の方に取材をしてみたところ、「う〜ん、やっぱり必要だな」と思いました（笑）。では、卸売業の人たちに役割って何なんでしょうか。

　製造業は大量生産・大量販売が基本的なスタンスです。一度に多くの量を

製造した方が商品1個あたりのコストが安くなります。対して、小売業は少仕入・少販売（正しくは売れる分だけ仕入れて販売したい）です。1万個作って売りたい製造業、100個仕入れて販売したい小売業。これじゃあ永遠にビジネスは成立しません。

　そこで間に入るのが卸売業です。メーカーから仕入れた1万個のおにぎりを100個×100セットに分けます。そして、A店・B店・C店に100個というように、必要なところに必要な量を運ぶ役割が生まれました。

　さらに言うと、消費者は品揃えの良いお店に当然買いに行きたくなります。三角だけではなく、丸型・俵型のおにぎりも食べたい。そうなると、小売業としては三角だけでなく丸型・俵型の商品も扱いたいと思うのですが、良いおにぎりメーカーを探し出すことも一苦労です。

　そこでまた卸売業の出番です。ネットワークを活かして、良い丸型と俵型のおにぎりを作るメーカーを代わりに探してくれます。それぞれ1万個ずつ仕入れて、同じように配っていきます。「必要な時に、必要な種類、必要な量を運ぶ」ことが、卸売業の役割といえます。

■図8：業界のつながりを表す5つの〇

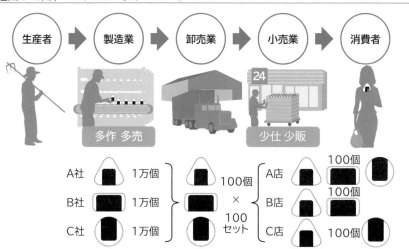

3-2 意外に知らない！業界分類表

☑ それぞれの業界にそれぞれの役割が

図9は、総務省の日本標準産業分類(99種類)をもとに作った76種類の業界分類表です。

基本的な考え方として、業界は「商品」や「サービス」で分けられています。自動車業界は自動車という商品を造っていますし、エステ業界はエステというサービスを扱っています。どの業界もそれぞれ扱う商品やサービスがあり、同じ商品やサービスを扱う企業が集まっています。

前節では卸売業界を例に説明をしましたが、業界ごとにみな卸売業のような役割を必ず持っています。自分が志望する業界について、あなたはその役割・特徴をどんな言葉で説明できますか？　その業界にある魅力や素晴らしさをどう表現しますか？　試しに言葉にしてみてください。(100人のビジネスマンが書いた「業界ごとの特徴」をまとめたものが72～75ページです)

ここで難しいのは、「その業界"ならでは"の魅力に訴求できているのか」という点です。"ならでは"の意識が薄くなってしまうと、「世の中に無くてはならない業界」とか「人を幸せにする業界」などというありきたりな表現を使ってしまいがちです。これを面接で言ってしまうと、「他の業界でも良いよね……」となってしまいます。

「業界"ならでは"の魅力が足りていないな～」という方は、ぜひたくさん調べたり、セミナーで質問してみてください。

■図9：業界分類表

①建設

ゼネコン
サブコン
ハウスメーカー
リフォーム

③インフラ

電気　ガス　水道

②製造

食品	印刷	金属製品
飲料	化学	機械
繊維	石油・石炭	電子部品・半導体
アパレル	プラスチック	電気機器
木材・木製品	ゴム製品	輸送用機器
家具	鉄鋼	
パルプ・紙	非鉄金属	

④情報通信

通信	出版
ＩＴ	新聞
放送	音楽・映画

⑤運輸・郵便

鉄道・バス	航空
運輸	倉庫
水運	郵便

⑥卸売

総合商社
専門商社
卸売

⑦小売

百貨店
ショッピングモール
衣類量販店
スーパーマーケット
コンビニエンスストア
家電量販店
ドラッグストア

⑧金融

銀行
証券
生保
損保
リース
クレジット

⑨不動産

都市開発
不動産販売
不動産賃貸

⑩サービス

法律事務所	冠婚葬祭	郵便局
経営コンサルタント	娯楽	人材派遣
広告代理店	学校教育	人材紹介
ホテル	通信教育	求人情報
飲食	学習塾	政治・経済・文化団体
美容	病院	
旅行代理店	福祉施設	

3-3
業界は「興味・関心」と
つなげて選ぶ

☑ 役割や特徴を理解することが「業界研究」

業界にはそれぞれ役割や特徴があって、それを理解し、自分の言葉で説明・表現できることが大切です。僕はこれこそが「業界研究」だと考えます。

もちろん、業界の今後の動向や、上位シェアを占める企業の名前を覚えることも大切です。ですが、そもそも業界にある商品がどのように作り出されるのか、サービスがどんなふうに提供されているのか、基本的なことを知らないと意味がありません。

そこを知らずに良い職業選択は難しいし、的を射た志望動機なんて書けるはずがありません。

☑ 業界選びは「興味・関心」と結び付けよう

では、その業界をどう選べばいいか。それは、あなたの中にある興味・関心・意味・価値と結びつけるとよいでしょう。あなたはどんな商品やサービスに興味や関心があり、どんな役割や特徴に意味や価値を感じますか？

僕は大学で講師をしていますが、学びの過程のなかで人が成長することに興味・関心がありますし、教育というサービスに意味・価値を深く感じます。だからこの教育業界で過ごせていることにとても満足しています。

自分の今までの経験を振り返って、興味・関心につながるような出来事を言語化してみましょう。

☑ 3人称の視点の業界選び

そうしてもう一つ重要な要素があります。それは職業観における「3人称の視点」です。3人称の視点とは、「世の中や社会にどんなプラスを生み出しているのか」という考えです。

3

　3-1節で卸売業界について説明をしましたが、卸売業はあの役割をもって世の中にプラスを生み出していると考えられます。同じように、すべての業界がそれぞれの特徴を持って、世の中へのプラスを生み出しています。それを自分の言葉で説明・表現できるようになりましょう。

　ここで気を付けたいのは、「1人称の視点」にならないことです。業界を選んだ理由が「自分にとってどんなプラスになるのか」では、良い選び方とはいえません。3人称の視点で、役割や特徴を考えられるようになりましょう。

■図10：業界の選び方

☑興味・関心が生まれるきっかけは？

　その人の「問題意識」に興味・関心が生まれるきっかけがあるのではないかと考えています。

　以前、ある学生がインドに留学をし、ホームレスの多さに驚いたそうです。貧富の差をまざまざと感じ、貧困問題がテーマになったのです。帰国してからは日本にも貧困問題があることを知り、ホームレスへの炊き出し活動をしました。結果、その彼は市役所に入り公務員として貧困問題に向かっていくことを決めたのです。

　身の回りにある不便や問題に目を向けてみてください。きっと「○○を解決したい！」という意欲が生まれるはずです。単純に「これが好き！」という感覚から生まれる興味・関心でももちろん大丈夫です。

3-4

業界選びの良い例・悪い例

☑良い選び方「葬儀業界」

　ここ数年で一番良い選択として記憶に残っているのは、「葬儀業界」を選んだ女性の話です。

　見た目の雰囲気は明るい感じの方で、どう考えても葬儀という選択をするようには見えませんでした。どちらかというと、冠婚葬祭のウェディングの方を選びそうなくらいです。

　でも、理由を聞いて納得しました。とても大好きだったお祖父さんがお亡くなりになられて、そのお葬式での出来事を話してくれたのを覚えています。

　商店街の活動に活発に参加されていたお祖父さんは、地域のお祭りにもはっぴを着て出て行かれるのですが、その様子を見ていつも誇らしげに思っていたそうです。葬儀の日、黒い喪服を着て参列された方々の中に、1人だけ派手なはっぴを着た年配の方がいたそうです。その人は、お祖父さんが生前仲良くされていた商店街組合の会長さんだったのです。

　周りの人はいぶかしげにそのはっぴ姿を見ていましたが、その女子学生ははっぴを着て参列してくれたことをとても嬉しく思ったそうです。きっとお祖父さんも喜んでいるなと。

　人を見送るのに「その人らしい見送り方」をすることが、本人にも故人にも大切なんだと感じたそうです。その出来事があって以来、葬儀業界でいつか働いてみたいと思っていたとのことでした。

　「その人らしい見送り方」を作る役割に魅力を感じ、その役割でもって世の中にプラスを生み出したいと考えました。とても良い業界選択をされているなと感じました。

☑悪い選び方「IT業界」

　ダメな例も紹介したいと思います。「IT業界」を選ぼうとした男子学生の話です。これからの時代、AIなど先進的な技術が導入されてきて、この業界はどんどん成長していくと思ったそうです。

　そこで、自分を成長させてくれ、食いっぱぐれの無い業界だと魅力を感じたそうです。そして、この業界でエンジニアになると、技術が身について、いわゆる「手に職がつく」ので、将来の安定につながるという考えでした。

　たしかに、成長産業を選ぶというのは悪い選択ではありませんが、成長するのはIT業界だけではないのですから、その選択に合理性を感じません。

　何より手に職がつく、安定するというのは「1人称の視点」になっています。本来IT業界が持つ役割や特徴が世の中にどんなプラスを生み出しているのかという「3人称の視点」がないので、「それって他の業界でも言えちゃうよね……」という選択理由になっています。これは良い業界選択をしているとはいえません。

　安定している・成長につながるというのも、業界の選び方の1つかもしれません。でも、業界全体がそうだといっても、企業によっては業績を落としたり、景気が悪くなったりすることも当然あるでしょう。

　自分を成長させてくれるからといっても、企業によってはもちろんそうではないところもあります。要するに、「安定や自分の成長という判断基準は、業界を選ぶときには適していないのではないか」ということに気づいて欲しいのです。

　でも、決して「奉仕精神を持て」「ボランティア精神を持て」と言いたいわけではありません。「1人称から離れて、3人称の視点で〜」というと、この考えを持ってしまう人がたまにいます。

　そうではなく、業界ごとに役割、特徴、機能があって、それが自分にとってどんなプラスになるのかではなく、世の中や社会にとってどんなプラスをつくっているのかを考えて欲しいということです。

3-5
職種は「長所・能力・性格」とつなげて選ぶ

☑主な職種と仕事内容

　次は「職種」について。職種は仕事内容・業務によって分けられています。営業職ならこんな仕事内容、事務職ならこんな業務という具合に。

　図11は、学生が就く主な職種と仕事内容をまとめたものです。これはほんの一例で、もっと細かく書き出すこともできます。ぜひ詳しく調べてみてください。

　あとは、理系の方なら研究職・技術職、福祉学科で学んだ方は介護職、幼保学科で学んだ方は幼稚園教諭や保育士などがありますね。

☑「職種」にある求められる能力

　ポイントはそれぞれの職種にある仕事内容をこなしていくために「求められる能力」が必ずあることです。

　例えば、営業職にはクライアントを訪問する企業回りという仕事がありますが、それをこなすために例えば「行動力」なんかが必要だったりします。事務職であれば、資料の作成・ファイリングという仕事がありますが、それをこなすために例えば「整理整頓する力」が必要だったりします。

　職種ごとにある程度決まった仕事内容があり、それをするために求められる能力があるといえます。

☑ 職種選びは「長所・能力・性格」と結び付けよう

　求められる能力に、自分の長所・能力・性格を結びつけることができれば、「良い職種選択」になる可能性が高くなるといえるでしょう。

　「長所は行動すること」と感じる人は営業職が合っているかもしれませんし、「整理整頓や片付ける能力がある」と感じる人は事務職が合っているかもしれません、「どんどん人に話しかけられる性格」と感じる人は販売職が合っているかもしれません。

　もちろん、行動力や整理整頓する力のほかにもいろいろな能力が必要なので、どこに接点を見出すかは自分次第です。これが「職種研究」と僕は考えています。

　職種研究とは、「それぞれの職種ごとにどんな仕事内容があるのかを調べ、その仕事内容にはどんな能力が求められているのかを知ること」だと覚えてください。

■図11：主な職種と仕事内容

職種	主な業務内容		
営業職	企業回り	提案書作り	売り上げデータの作成
事務職	電話応対	受注・発注	書類の作成
販売職	棚作りレイアウト	入荷の荷ほどき棚卸し	商品の説明
接客・サービス	注文を受ける	明霧氷の作成	スタッフの指導
SE	プログラムの作成	工程表の作成	要件定義の作成

3-6

職種選びの良い例・悪い例

☑ 実は「職種」が一番選びやすい

　業界、職種、企業の中で一番選びやすいのは、実は「職種」です。業界は99種類の中から選ばないとならないので選択肢が多い。それに対して、職種は前節で紹介したように、両手の指で足りるくらいしかありません。選択肢の少ない方が選びやすいと思いませんか？

　もっと言うと、そもそも「選べない」ケースもあったりします。企業によっては職種別に採用をしておらず、総合職・一般職という採用形態の枠で採用をして、あとは配属で決めるというパターンもあります。営業部に配属されれば必然的に営業の仕事内容、経理部に配属されれば経理の仕事内容、広報部に配属されれば広報の仕事内容になります。

　あるいは、性別が影響することも。昔から根強くある「男性は営業職、女性は事務職」という傾向もあります。近年では女性の営業職採用は増えていますが、男性の事務職の求人は圧倒的に少ないでしょう。男性で事務職の募集を探そうとすると、かなり限られます。

　もちろん、経理や広報などの仕事も大きな意味での事務職（「内勤」「デスクワーク」という表現が使われることも）ですが、先に述べたように、そういった仕事内容でピンポイントに新卒求人を出していることはまれです。

☑ 良い選び方「システムエンジニア」

　つい先日、「職業選択について相談したい」という女子学生がキャリアカウンセリングに来ました。将来、システムエンジニア(SE)になりたいとのことでした。その選択が間違っていないか不安なのでアドバイスを欲しいと。

　「その職種はどんな仕事をするの？」と聞くと、システムが納品されるまで

には長い時間をかけて多くのメンバーで取り組むが、その作業工程やスケジュールの管理をするのが仕事と教えてくれました。この職種にある特徴の1つを理解しているように感じました。

　次に「じゃあ、その仕事をしていくために自分の長所や能力をどう活かしていける？」と聞くと、合唱部に所属していて、発表会までにどんなスケジュールで練習をするのか、どのあたりのレベルまで目指していくのか、常に考えてメンバーに共有していたとのことでした。そういった能力が活かせるのではないかと言いました。
　うまくSEという職種に接点を見つけ出して、結びつけられていました。

☑ 僕の失敗体験

　ダメな例として、僕の失敗談を紹介します。おもちゃメーカーで商品開発の仕事をしたいと思い、知育玩具を作っている企業の選考を受けました。
　最終選考として「2週間アルバイトに来て、何か1つ商品を提案して欲しい」となったのです。「これは勝負だ！」と意気揚々と毎日通ったのですが、1週間がたったとき商品開発部長に呼び出され「あなたは才能が無いからあきらめなさい」と言われました……。トンカチで頭を殴られた衝撃を今でも覚えています(笑)。

　僕は学童保育でアルバイトをしていて、「子供の世界を変える」ということに興味・関心を持っていたので、おもちゃメーカーを志望しました。問題はその先です。
　商品開発という仕事をこなすだけの能力がなかったのです。学童で子供と遊び、子供のことはよく知っていました。でも、アイデアを作る・企画を考えるという経験は積んでおらず、その能力は伸ばすことはしていませんでした。そんな僕がいきなりおもちゃを企画するなんて無理な話です……。

　今振り返って、部長から言われた「才能が無い」という言葉は、「経験が無かった」ということなんだとわかるようになりました。
　将来やりたい仕事内容・就きたい職種があるなら、あなたもぜひ就活までの時間で、それに近い経験を積んで能力を伸ばしていってください。

3-7
企業は「求める条件・環境・ライフプラン」とつなげて選ぶ

☑ 数字に表せること、表しづらいこと

　では次に、企業をどう選ぶのか。イメージしてみてください、あなたの手元にＡ社とＢ社の2枚の求人票があるとします。そんなとき、Ａ社とＢ社の求人票を見比べるポイントが、企業の違いとして見分けられるポイントになるといえます。図12に主なものをまとめてみました。

☑ 企業選びは「求める条件・環境・ライフプラン」と結び付けよう

　企業の違いとして見分けられるポイントをもとに、どう自分に合う企業を選んでいくのか。それは、自分の中にある求める条件・環境・ライフプランと結び付けると、自分にとって良い企業選びができます。単純にわかりやすいところでいうと、給与や賞与です。どれくらい欲しい(あるいは将来どれくらい欲しい)と考えるかによって、入りたいと思える企業も決まってくるはずです。

　「風通しの良い社風で働きたい」「チャレンジできる雰囲気のところで働きたい」「経営者が強いリーダーシップを発揮しているところで働きたい」などなど。それぞれ求める環境があると思いますので、それに近いスタンスを持つ企業を選べると良いですね。
　「自分は長男なので地元で働きたい」「30代の終わりまでは猛烈に働きたい」「仕事だけではなく趣味やプライベートも充実して生きたい」といったライフプラン(理想の生き方)を持っているなら、それぞれ地元密着企業、チャレンジ真っ盛りのベンチャー企業、大手の安定した企業というように、ライフプランをかなえることができる企業を選べると良い選択になるのではないでしょうか。

☑本音と建前の世界がある

　企業選びに関しては、その基準を志望動機に反映させるときに、少し難しい点があります。本音では「ボーナスが多いから良いと思った」「残業が少ないと聞いた」「業界シェアが高く安定していると思った」とあったとしても、それを志望動機では堂々と描きづらかったりもします。

　そこはうまくプラスの視点に変換してみて、「賞与が多く、社員を大切にする経営スタンスに魅力を感じた」「ダラダラ残業しない雰囲気があると聞いたので、効率の良くパフォーマンスの良い仕事ができる環境に魅力を感じた」「業界シェアが高いため、長い視点で自分のキャリアを作っていけると考えた」という感じでしょうか。うまく言い換えられると良いですね。

■図12：企業を見分けるポイント

<規模>

資本金、売上高、利益率、従業員人数、歴史、業界シェア　など

<求人条件>

給与、賞与、休日日数、勤務時間、勤務地（拠点）、研修、福利厚生など

<数字に表し辛いこと>

職場の雰囲気、社員の人柄、企業の方向性、将来性、社風、安定性、知名度　など

3-8

「その企業にしかない魅力」は選べるのか？

☑一番良いのは「その企業にしかない魅力」

　企業についてどんなところが良いと思うのか、「その企業にしかない魅力」を見つけられると一番良いですね。その企業が持っているこだわり・他社との違いを掴み取ることが必要になります。

　商品やサービスに対して、どんなこだわりを作っているのか。組織の運営、人材開発、社風・理念などに、どんなこだわりを持って取り組んでいるのか。きっとたくさんあるはずです。それを見つけられて志望動機に反映させることができると、自信を持って選考を受けられるんじゃないでしょうか。

☑「こだわり・違い」を見つけるのは可能か、不可能か

　ただ、その「こわだり・違い」を見つけるのは本当に難しいです。100人の志望動機を集めようと思い立って3年ぐらいたったころ、ちょうど50人の取材を終え、そこまでの内容をまとめて論文を書いたことがありました（文京学院大学経営学部　紀要論文「大学生の職業選択基準の研究と職業選択ルーブリック試案」）。

　「50人の社会人がどんな視点でその企業を選んだのか」「どんな点に魅力を感じたのか」をまとめたのですが、一番多い理由は何だったと思いますか？

　それは「人」でした。「人が良いと思った」「人が合っていると思った」という理由が一番多かったのです。

　次に多かったのは、「商品（サービス）を利用したことがあり、ファンだった」という意見でした。他にもいろいろあり、どれも良い意見でしたが、「その企業でしか言えないこと」というインパクトはありませんでした。

☑僕もその企業でしか言えないことは書けなかった

　今回の志望動機の中で、新卒で入ったパソナという会社に向けて「あらためて志望動機を書くなら、どんなことを書くかな〜」と僕も考えました（第4章からの内容がそれです）。

　派遣社員へのフォローや福利厚生が手厚いというところにパソナ魅力を感じていましたが、それはパソナでしかいえない魅力かと言われると、あらためて考えると疑問を感じます。それはライバル会社のアデコ社やリクルート社にもきっと言えることなんじゃないかと。

　実際に働いている社会人でさえ、自分の会社にしかない魅力を伝えることはどうやらなかなか難しいという結果が出ました。

　同じ業界を何社か渡り歩き、客観的に比較できればそれが言えるのかもしれません。ただ、それは非常に難しいことで、ましてや働いたことがない学生ならなおさら難しいと言えるでしょう。

　そして、昨今の企業活動を見てみると、よく似た同じサービスを展開しているなんてことがよくあります。

　例えば、携帯電話をイメージしてみてください。運営する通信会社といえばA社、D社、S社などがありますが、ひと昔前は、各社それぞれサービスに色がありました。○○という機種が使いたいなら×社、電波が良いなら△社、料金が安いなら□社といったように。でも、今は同じように電波が良く、どこも同じ機種を使えますし、だいたい同じサービス料金です。

　経営コンサルタントのような専門家であれば比較できるノウハウはあるでしょうが、学生には難しいことでしょう。職業選択や志望動機というと「その企業でしか言えないこと」を必ず盛り込まないといけないと思い込みがちですが、そこまで難しく考えなくてもよいのではないでしょうか。

3-9
まとめよう！「良い職業選択」について

☑業界・職種・企業を正しく選ぶ

　第1章では、良い職業選択のためには「業界・職種・企業を正しく選ぶ」ことが大切であることを伝えました。この3つを選ぶことは当たり前のことですが、もちろん何となく、適当に選べばいいというものではありません。

　どういう判断基準で選ぶのかについて、第2章と第3章のなかで説明をしてきました。それをまとめたのが図13です。

☑「良い職業選択」の定義とは

　最後にあらためて「良い職業選択」の定義を文章にしてみたいと思います。

①興味・関心をもとに業界選択ができていて、3人称の視点で役割や特徴が捉えられている。
②自分の長所や能力や性格に合う職種選択ができていて、2人称の視点で仕事内容が捉えられている。
③自分が求める条件・環境・ライフプランを満たすことができる企業選択ができていて、1人称の視点で自分にどんなプラスがあるかを言葉にできている。

　自分のこれからの職業選択が、バランスよく①②③を満たせているかどうか考えてみましょう。

☑3つの定義がすべて完璧でないといけないのか……

　もちろん、これはあくまで理想です。業界・職種・企業の選択がうまくバランスが取れているならそれにこしたことはありません。しかし、もちろん

人によって「業界選択ができない」「企業選択ができない」という方もいるでしょう。

　今まで就活をした先輩たちがみんな綺麗にこの基準を満たせているかというとそんなわけはありません。どれかが強かったり、どれかが欠けていたりするはず。3つすべて完璧でなくても、もちろん内定を取った人もたくさんいるでしょう。

　ならば、こう考えてみませんか？　今回の就職活動では足りない部分があるなら、もちろんそれを埋める努力をするとして、もし埋まらなかったとしても、そのまま社会人になってみましょう。

　良い職業選択の定義にあてはまらかなったとしても、ご縁があって内定をいただけたのなら、それに応じてその企業での仕事を頑張ってみましょう。そして、今度は働きながら足りない部分を埋めていけばいいのです。

　結果的にその企業で働いていく動機になるかもしれないし、また転職を考えるかもしれません。その時その時の流れに身を任せて、キャリアを築いていくことも大切です。

■図13：職業選択と職業観のつながり

	視点	特徴	結びつくもの
業界	3人称 →世の中に対して	商品・サービス ⇒役割・特徴	興味・関心 意味・価値
職種	2人称 →他者に対して	仕事内容・業務 ⇒求められる能力	長所・能力 性格
企業	1人称 →自分にとって	規模・環境 他社との違い	求める 条件・環境・ ライフプラン

コラム③　合説に行ったけど、ピンと来ない……

　「合説行ったけど、ピンと来ないんですよね……」という学生によく出会います。合説に行ったけど、企業セミナーに行ったけど、応募しなかった。せっかく行ったなら応募すればいいのに。「たぶん志望動機を書けないから」と、応募するだけムダだと感じるそうです。

　志望動機が難しい1つの理由として、「志望度が低い企業に対しても、熱意を込めた文章を書かないといけないのが辛い」という意見があります。もちろん、受ける企業すべてが最高の志望度なんてことはありません。「なんとなく」や「とりあえず」で応募することもあるでしょう。気持ちのコントロールが難しいことも致し方ありません。

　そんな学生にするいつものアドバイスは、「最終面接になったくらいに、絶対この会社で働きたい！　と思えるようになろうよ」です。
　第一志望に挙げている企業や業界は、子供のころから触れてきた商品・サービスの業界だったり、ずっとテレビCMなどで見て知っていた企業が多くありませんか？　ある意味、長い人生で育ててきた感覚です。
　でも就職活動になると、知識や世界を広げるために、初めて聞くような業界・企業にも応募しなけなければいけません。そんな応募先に長い人生で積み上げてきたものと同じレベルの感情が生まれると思いますか？　それは無理な話でしょう。
　最初は薄い志望動機でもよいかもしれません。面接のたびに一生懸命質問してみてください。そこで情報をたくさん得て、最終的に志望度が高くなるように気持ちや知識を高めって行ってください。

　ある大学の研究グループの発表によると、就活生の35％しか、当初の志望業界を一貫して受けて内定をもらった人はいませんでした。就活生の65％は、最初に定めたところとは違った業界に方向転換しています。うまくチャンスを活かせるようになりましょう。

第4章

ライバルに差がつく！
志望動機の書き方

本章では志望動機の書き方を紹介します。本書の核となる「働く100人の志望動機」もこの書き方をもとに取材を行いました。僕の志望動機で恐縮ですが、参考にしながら一緒に考えてみましょう。第1〜3章の内容を盛り込んだ志望動機の書き方を提案します。

4-1

志望動機って
そもそも何を書くの?

☑ 志望動機は「良いと思う理由」を書こう

　そもそも志望動機とは何を書けばいいのか、皆さんはわかりますか？　ここはシンプルに考えます。応募先について「良いと思う理由」を書きましょう。

　では、何について「良いと思う理由」を書くのか？　それは、①業界について、②職種について、③企業についてです。これらについて良いと思う理由を書くのが志望動機だと考えてください。

　応募している業界・職種・企業について、どんなところをどう良いと思っているのか、どんなところにどんな魅力を感じているのか。それを言葉にしていきます。

　図14は志望動機のワークシートです。業界・職種・企業について、「思いつき」→「考え」→「体験談」の順に書き分けていってもらいたいと考えています。ワークシートは本書巻末に4社分を掲載しました。足りなくなったらコピーして使ってくださいね。

☑ 読みながら試しに書いてみましょう！

　まずは[　　]の中にターゲットを決めて書いてみてください。具体的に企業名を必ず書くようにしましょう。

　次節からは、僕が新卒で働いた人材派遣会社のパソナにあらためて応募するとしたら、どんな志望動機を作るかを書いてみたものを紹介していきます。あなたはこの白紙のワークシートに書き込んでいってみてください。

　誰か友だちと一緒になって本を交換して、お互いに取材し合いながら情報を書き込んでみるのも良いやり方です。そもそも、考えながら書くというのはとても難しい作業です。考える作業と書き込む作業を分担してみるのもいいでしょう。僕はいつもキャリアカウンセリングをする際、学生の話を聞きながらこの表を埋めるセッションを行います。試してみてください。

■図14：志望動機ワークシート

[　　　　　　　　　　　　　　　　　　　　　　　　　]

	体験談	考え	思いつき
業界について			
職種について			
企業について			

4

4-2
Step1：「思いつき」からスタートしよう

☑直感で魅力を言葉にしてみよう

　ここはウォーミングアップのようなものです。あまり難しく考えずに、チャレンジしてみてください。

　業界について、職種について、企業について、どう魅力を感じているのか、どんなところが良いなと思うのか、言葉にしてみてください。

☑参考例について

　僕が書き込んだ言葉です。
　業界：これからの人材業界は可能性があると聞いた
　職種：営業職は大変な仕事なので、経験を積めると思う
　企業：大学の合同説明会に来ていた

　まあ最初ですから、内容はスカスカで薄くて全然大丈夫です！　僕の例はそれにしてもひどいかもしれませんが(笑)。
　「なんか○○業界って良いって聞いたことあるな〜」「営業職って大変でしょ」「合説(合同説明会)でたまたま話を聞いた〜」というレベルで良いですよ。最初からあまり難しく考えすぎてしまうと、前に進めなくなってしまいます。短文や単語だけでも最初はOKです。

　そもそも応募先について、始めから強いモチベーションを持っているなんてことはそうありません。最初はほんの些細な出会いからスタートする人が多いでしょうから。それに誰もが知るような大手企業ならまだしも、地元の中小企業だと、初めて名前を聞いたなんてこともあるはずです。最初から完璧な志望動機を作れなんていうのも、ちょっと無理な話ですよね。

　ただ、スタートしたところで止まってしまうと、浅い志望動機や低いモチ

ベーションしか持てずに終わってしまいます。それはとっても残念。ここからどんどん知識をインプットしていって、志望度を高めていきましょう。面接の過程で質問を繰り返して、より良い志望動機をつくり上げていくようなイメージで選考に挑んでも良いのではないでしょうか。最終面接あたりに良い志望動機ができあがっていれば良いのではないかと思います。

■図15：志望動機・参考例（思いつき）

[　　人材派遣業界、営業職、パソナ　　]

	体験談	考え	思いつき
業界について			これからの人材業界は可能性があると聞いた
職種について			営業職は大変な仕事なので、経験を積めると思う
企業について			大学の合同説明会に来ていた

4-3

Step2：「考え」で個性を出そう

☑「思いつき」の内容を詳しく書いてみよう

　「思いつき」の次は、「考え」を言葉にしてみましょう。その業界について良いと思うところ、職種について良いと思うところ、企業について良いと思うところ、その「考え」を書いてください。

☑参考例について

　僕が書き込んだ言葉です。
業界：「働く人の伴走者になれる」ことが人材派遣業界の魅力
職種：担当する派遣社員やクライアントの悩みや問題点を上手く聴き出す
企業：派遣社員の立場に立ったフォローや、手厚い福利厚生

　ここが一番のキモになります。心して取り掛かってください！まずは業界について。その業界の役割や特徴などについて、自分がどう良いと思っているのかを言葉にしてみましょう。

　人材派遣というビジネスは、「企業に人を紹介（派遣）する」「人に仕事を紹介する」という、公共性の高い仕事です。同じジャンルの業界として人材紹介業もありますが、違いは「継続性」だと感じていました。人材紹介業は直接雇用の転職をサポートするのが役割ですが、面接に合格して内定が出ると、そこでいったん関係は終わってしまいます。
　人材派遣の場合は、派遣社員さんの仕事が決まったあとも契約の更新が年に何度かあるため、定期的に担当営業が職場を訪問して状況の確認に行きます。その際に何か相談を受けると、派遣先の企業との間に立って問題解決に努力します。その点で、「働く人の伴走者になれる」という表現を僕は使いました。

　ここは業界の特徴や役割を自分なりの言葉で表現しつつ、「3人称の視点」が盛り込まれていると完璧ですね。「働く人の伴走者」という役割を持って、世の中を幸せにしているという考え方になります。

　同じ要領で、職種について、企業について、良いと思っている部分についての自分の考えを言葉にしてみましょう。

■図16：志望動機・参考例(考え)

[　　　人材派遣業界、営業職、パソナ　　　]

	体験談	考え	思いつき
業界について		「働く人の伴走者になれる」ことが人材派遣業界の魅力。派遣業は労働者が派遣契約の続くかぎりは5年でも10年でも関係が繋がっていく。定期的に職場を訪問し、悩みなどヒアリングし、問題があれば解決するように派遣先と交渉することができる。深いところまで入っていけるのが魅力だと考えます。	これからの人材業界は可能性があると聞いた
職種について		人材派遣の営業は派遣社員のフォローが重要な役割です。担当する派遣社員やクライアント企業の悩みや問題点を上手く聴き出すことができると、長く仕事を続けてもらえる良い信頼関係が作れると思う。	営業職は大変な仕事なので、経験を積めると思う
企業について		派遣会社の中では派遣社員の立場に立ったフォローや、手厚い福利厚生が魅力と考えます。	大学の合同説明会に来ていた

4-4
Step3：「体験談」で説得力を生み出そう

☑ 最後は裏付けとなる「体験談」

先の項目では「考え」を書きました。その人の考えや意見はいきなり降ってわくものではなく（そう感じることはあったとしても）、何かきっかけとなる動機や体験談が必ずあるはずです。「考え」に説得力を持たせる「体験談」を考えてみましょう。

☑ 参考例について

僕が書き込んだ言葉です。

業界：大学のゼミで中小企業について学んだ
職種：学童保育のアルバイトを経験し、子供たちの話をよく聴いた
企業：採用選考の最終面接前にインターンシップがあった

僕が就活をした2002年は、銀行の貸し渋りや貸し剥がしが社会問題となり、中小企業の倒産件数が伸び、失業率が増えた時期でした。「働く人の悩みを解決したい」という考えにつながり、それが人材派遣という業界選択につながります。

アルバイトでは学童保育の指導員をしていたのですが、子供たちの話をよく聞きました。かぎっ子の子供たちは家に帰ってもなかなか話を聞いてくれる大人がおらず、飢えていたんでしょうね。

そこで身についた「聴く力」という長所や能力が、営業職という仕事につながり、クライアントや派遣社員さんの話を聞くという「2人称の視点でのプラス」につながっていきます。

　最後に企業の持つこだわり(派遣社員への手厚いフォローや福利厚生)に魅力を感じたことが体験談とともに書かれています。もちろん、「これが完璧な志望動機だ!」なんて口が裂けても言えませんが、ある程度の説得力を感じてもらえるのではないでしょうか。

◾️図17:志望動機・参考例(体験談)

4

[　　　人材派遣業界、営業職、パソナ　　　]

	体験談	考え	思いつき
業界について	大学のゼミ活動で中小企業について学んだ。東大阪の町工場を回り、中小企業の窮状を体感した。当時、銀行から貸し渋り・貸し剥がしを受けた中小企業がたくさん倒産し、失業者が増えた。働く事に関して悩みを抱える人が多くなり、そういう人たちをサポートしたいと考えた。	「働く人の伴走者になれる」ことが人材派遣業界の魅力。派遣業は労働者が派遣契約の続くかぎりは5年でも10年でも関係が繋がっていく。定期的に職場を訪問し、悩みなどヒアリングし、問題があれば解決するように派遣先と交渉することができる。深いところまで入っていけるのが魅力だと考えます。	これからの人材業界は可能性があると聞いた
職種について	学童保育のアルバイトを経験し、子供たちの話をよく聞いた。他人の話を聴くスキルを活かしたい仕事がしたいと考えるようになった。	人材派遣の営業は派遣社員のフォローが重要な役割です。担当する派遣社員やクライアント企業の悩みや問題点を上手く聴き出すことができると、長く仕事を続けてもらえる良い信頼関係が作れると思う。	営業職は大変な仕事なので、経験を積めると思う
企業について	採用選考の中で、最終面接前に半日のインターンシップがあり、営業社員の方に同行する時間がある。取引先企業3社連れて行って頂いたが、途中の会話などでフォローや福利厚生に手厚いという話を聞いた。	派遣会社の中では派遣社員の立場に立ったフォローや、手厚い福利厚生が魅力と考えます。	大学の合同説明会に来ていた

4-5
まとめよう！
「良い志望動機」について①

☑ 最後の仕上げ

　仕上げは、これを「業界・考え」→「業界・体験談」→「職種・考え」→「職種・体験談」→「企業・考え」→「企業・体験談」とつなぎ合わせて、1つの文章にしてみましょう。考えと体験談が前後するのは問題ありません。字数でいうと、400〜600文字くらいでしょうか。

　ES(エントリーシート)など大枠の問ならそれくらいの字数を書くことはできますが、履歴書などは200〜300字しか書けないケースもあります。そんなときは、「業界→企業のつながりを書いてみよう」「職種→企業のつながりを書いてみよう」といった具合に取捨選択してみてください。僕の志望動機の完成形はP196です。

☑ ごちゃまぜ志望動機は読みにくい

　そもそも、学生が書く志望動機は読みづらいものが多いな〜と感じます。「書くべきこと」がしっかりと認識できていないからでしょうか。

　業界の話が来て、次に企業について書いて、また業界の話に戻り、最後に職種について書く。エッセンスにメリハリがなく、何を伝えたいのかわかりません。これが境界線もなく、1つの段落で、1つなぎの文章で書かれてしまうと……もう大混乱です(笑)。

　エッセンスをしっかりとかき分けることで、そもそもかなり良い志望動機になるのではないかと思います。業界について書かれた部分、職種について書かれた部分、企業について書かれた部分と。順番はアレンジしてもらってもちろんOKですが、読み手にはっきりとわかるように書き分けることを意識しましょう。

☑ 個性が出るのは「業界」×「考え」

取材が50人を超えたときに、これに関する論文を書きました。50人分の志望動機を分析したのですが、どこに違いや個性が出たかというと、「業界」×「考え」のところでした。

僕もそうでしたが、「企業」についての部分で志望動機は決まると思い込みがありました。「その企業でしか言えない」「その企業でないといけない」という理由を書かないといけないと思っていたのです。

ところが、50人の志望動機を分析したところ、「企業」×「考え」の部分は、実は個性や違いがあまりでませんでした。7〜8パターンに集約することができたのです。

これは本当に驚きでした。「それって他の企業でも言えるよね……」という内容が多かったのです。実際に働いている人でさえ、その企業でしか言えない魅力を書けている人はほとんどいませんでした。

それに対して、「業界」×「考え」のところは、皆さんそれぞれに独自の解釈や表現があり、とても個性的な内容が多かったように思いました。「企業をどう選ぶのか」ではなく、「業界をどう選ぶのか」が重要ではないかと、このとき深く感じたことを覚えています。

☑ 例外ももちろんあります！

僕が本書で今回提案したい書き方が絶対的な唯一のロジックだとは思っていません。例えば、長所や能力が業界選択に結びつくこともあるし、興味・関心が職種に結びつくこともあります。

「世の中の流行りを追いかけるのが得意」とか「言葉を作り出す能力があると思う」という人が広告業界を志望する、なんて選択もありえるでしょう。あるいは、「大学でマーケティングを専攻していて、マーケティング職に興味関心がある」という人は、マーケティング職を志望することもありえるでしょう。

本書での考え方を1つの型として覚えていただき、その先は自分でアレンジして「型破り」をしていって欲しいと思います。

4-6
まとめよう！
「良い志望動機」について②

☑「体験談」は必ず必要か？

　さて、1つ質問をしてもいいですか？　自分で書いておいてなんですが、体験談は必ず必要だと思いますか？

　僕は「無くても大丈夫」と思っています。もちろん、基本的には必要だと思いますし、「考え」だけではどうしても抽象的になってしまいます。説得力を感じない内容になってしまってはもったいないですから。

　でも、今まで内定を取った先輩たちが、みんな必ず体験談を持っていたかといわれると、必ずしもそうではないでしょう。むしろ、「最初は全く知らない企業(業界)だったけど、合説(合同説明会)で何となく話を聞いたら選考が進んで……」という方もいたくさんいるのではないでしょうか。

　志望するきっかけは、些細なことであるケースの方が実は多いかもしれません。体験談が無いからといって、「その業界や職種や企業に応募するのは止めよう……」というのだけは絶対にやめてください。選考を受けてみたら、内定が出ることも。可能性は無限にあります。

　こうも考えられます。体験談化しやすい(しにくい)という観点もあります。
　旅行、ホテル、食品、アパレルといった、いわゆるBtoC(一般消費者向け)の業界であれば、僕らも接点ができやすいから、体験談を見つけ出しやすいともいえます。例えば、旅行業界であれば、「学生時代に○○か国に旅をしたことがあって……」と体験談として出しやすいのではないでしょうか。

　しかし、BtoB(法人向け)のビジネスを展開するケースが多い業界であれば、日常に触れるケースが少なく、どうしても体験談が薄くなります。

　例えば、ネジの卸売企業を考えてみてください。これ、なかなか体験談持っている人ってまれかもしれませんよね？　「ネジがとにかく好きで、中学生のことからネジを集め始め、今では500種類のネジを家に持っています……」なんて言われたら、ちょっとマニアックすぎて怖いと思いませんか？（笑）。僕が面接官なら正直引いてしまうかもしれません……。無理やり体験談をひねり出す必要もないのかなと感じます。

　ただ、あくまでも就職活動は競争の側面もありますから、大手企業や有名企業を目指すのであれば、それなりの体験談を交えてアピールしてくるライバルは多いでしょうから、しっかりと準備していく必要はあると思います。

　昔、総合商社を志望した学生がいました。あるとき「商社を志望しているんですが、商社の仕事がいまひとつわからないので、ちょっとカザフスタンに行ってきます」と相談を受けたことがあります。
　そう言われたときは、「いきなり何を……」と面食らったことを覚えています。数日後、帰ってきた学生の話を聞くと、「なるほど！」と感嘆しました。

　彼はカザフスタンに行って、自分で街を歩き、工場に突撃取材をし、「乳製品」が弱い国であるという情報を掴んだそうなのです。そして、「商社はその国の実情を掴んで、足りないものを日本から輸入し、ビジネスのチャンスを掴むという役割がある」という訴求点を自らの行動で作り出したのです。もちろん、彼は難関の総合商社に内定をもらうことができました。
　ここまで極端なことをしないといけないとは言いませんが、インパクトを自分で作り出すという大胆さも必要なのかもしれませんね。

☑これを土台に応用しよう

　さあ、皆さんも「志望動機ワークシート」に情報を書き込んで、志望動機作りにチャレンジをしてみてください。以降のページで、働く100人の志望動機をサンプルとして掲載しますが、もちろんこのワークシートをもとに取材活動を行い、これを1つのスタンダードモデルとしてサンプルを集めました。このスタンダードをもって、参考にしてみてもらえたらとてもうれしいです。

☑ダメな志望動機①「ごちゃまぜ志望動機」

食品メーカー／営業

> 　子供のころから貴社の商品のファンで、よく食べていました。スナック菓子と言えば「○○！」というほど定番で、友だちが集まるとみんなでよく袋を広げて楽しみました。お菓子があるところに人は集まります。人と人とをつなげるのがお菓子の素晴らしさだと考えています。そこに魅力を感じました。貴社の理念である「大地の力を掘り起こそう」という言葉がセミナーで胸に刺さりました。自分の価値観と近いものがあり、是非貴社で働いてみたいと思いました。サークルで身につけた行動力を活かして、クライアントに喜ばれる営業を目指します。貴社の営業の方々は非常に行動力ある方多いと聞き、自分のスタンスと合うのではないかと感じました。

✒ **＜ダメポイント＞**

　この志望動機は業界・企業・職種についての考え・意見がごちゃまぜになっていて、とても読みづらい・理解しづらい内容になっています。

　冒頭は企業について書き、そこからお菓子という商品の魅力、つまり業界の魅力を書き、また企業について書き、そして職種について書き、また最後に企業について書いています。あっち行ったり、こっち行ったり、読むだけで辛くなります……。思いつくままに書いてしまった、そんな印象ですね。志望動機とはそもそも何を書けばいいのか、しっかりと理解していないときにこんな感じに書いてしまう人が多いです。

　内容はさておき、そもそも書く内容がすみわけできていなくて、ただただわかりにくいという志望動機をよく見かけます。そんな志望動機が多いくらいですから、まずは業界・職種・企業といったようにエッセンスをわかりやすく書き分けるだけで、評価が高くなりますよ。

☑ダメな志望動機②「自己チュー志望動機」

IT／コンサルタント

IT業界は日々新しい技術が生まれており、これからさらにAIなどの技術が進歩し、どんどん業界は発展をみせていくと考えています。その業界で働くことで、新しいチャンスに触れる機会が増え、どんどん成長していけるのではないかと思い魅力を感じました。そして、仕事が無くなったり不況になったりすることは考えにくく、安定して仕事を続けられると思いました。ITのコンサルタントは幅広い業界との接点を持ち、時には中小企業の経営者とも直接やり取りを行うことで、幅広い知識を得られることができると思いました。IT業界だけでなく、いろいろな業界の知識や経営者の視点を得たいと思いました。貴社は社員研修に力を入れており、コンサルタントとしての基礎力をしっかりと身に着けられると思い、手に職が付くという魅力があると思いました。是非とも貴社で頑張ってみたいです。

✒＜ダメポイント＞

業界、職種、企業という3つの訴求点が、すべて「自分にとってどんなメリットがあるか」という点に帰結してしまっています。「チャンスが増えて成長できる」「幅広い知識をえられる」「経営者と接点が持てる」「研修を受けられる」、すべて自分中心の内容です。こんな志望動機を書いてしまったら「この学生は自分ことしか考えていないな……」と思われてしまいます。それでは一緒に働きたいと思ってもらうのは難しいでしょう。

業界は3人称、職種は2人称、企業は1人称の視点に変換をすることができればいいですね。技術が進歩するから世の中にどんなプラスを生み出せるのか、幅広い知識を得られるからどうクライアントに貢献できるのか、研修を受けてスキルが伸びてどう企業に還元できるのか。視点を外に向けてみましょう。

☑ダメな志望動機③「どこでも言えるよね志望動機」

アパレル／販売

　衣食住の要素は世の中になくてはならないものといえます。人が生活を送る中で、この３つが無ければ生きていくことは難しいかもしれません。その中でも「衣」を表している服は毎日の生活に欠かせないものです。自分が好きな服を着ることで、人は必ず笑顔になることができます。そんな人を笑顔にできるアパレル業界に魅力を感じています。販売の仕事は来店されたお客様のコーディネートをご依頼をいただけたら行います。どんな色やデザインが似合うのか、流行りなども交えて最高の提案・アドバイスができなければいけません。良いコーディネートを提案できた場合はきっと喜んで帰って行かれると思います。そんな風にお客様を幸せにできる販売の仕事がしたいと思います。貴社は業界で初の試みをたくさん行ってきたリーディングカンパニーです。業界をけん引するために無くてはならない存在だと思います。世の中で絶対になくてはならない存在である貴社で活躍をしたいと思います。

✒ ＜ダメポイント＞

　「それって他でも言えるよね？」というNGワードがたくさんありました。①笑顔にする、②幸せにする、③なくてはならない。この３つです。どんな業界、職種、企業も人を笑顔にしますし、人を幸せにしますし、なくてはなりません。どんな魅力があって笑顔にするのか、どんな魅力があってどんな幸せを作り出しているのか、そこを言葉にしなければいけません。

　特に業界についても、人を笑顔にする業界、人を幸せにする業界、無くてはならない業界とついつい書いてしまいがちです。志望する業界でしか言えない魅力を書かないと良い志望動機とはいえません。「志望する業界でしか言えないことが書けていないな〜」と感じる方は、まだ調べが足りてない証拠です。もっともっと調べてみましょう。

☑ダメな志望動機④「アナリスト志望動機」

商社／営業

これから世界経済は未曽有の資源不足におちいります。温暖化による気候変動のあおりを受けて、海産物や農作物の確保が特に難しくなるのではないかと言われています。日本近海でもサンマ漁が不漁になり、今後はマグロもサバも不漁になると言われています。だからこそ商社の役割が重要になってくるのではないかと考えています。商社が海外で積極的に資源確保のための活動を行うことで、日本人の生活が豊かになります。特に貴社は北欧にある魚の養殖会社の〇〇社を買収したり、中国とタイにある食肉会社と提携したり、日本への食に関する資源の輸入を安定させています。貴社の数重あるグループ会社のネットワークを活かした連携があるからこそ、安定供給につなげられていると思います。業界で常に勝ち組であることに魅力を感じました。

✎＜ダメポイント＞

少し極端なダメ例かもしれませんが(笑)、こういったように、ちょっとした経済アナリスト気分で一般論をさぞ自分の意見であるかのようにアピールしてしまう学生が必ずいます。

応募先の企業のことを調べているのは素晴らしいことなのですが、調べたことを相手に伝えるだけではインパクトを残すことはできません。なぜなら、あなたが調べた応募企業や業界についての情報は、面接官の方がはるかに詳しいからです。「学生に説明してもらわなくても知ってるよ……」と突っ込みたくなります。自分の体験談と繋げるなどして、自分の言葉で解釈を伝えられるようになると良いのではないでしょうか。

ビジネスマンになろうと背伸びせずに、身の丈にあった自分らしい話でアピールできると良いてすね。

■図18：志望動機につながる自己分析ワークシート

出来事	興味・関心	長所・能力	求める条件・環境・ライフプラン
学業・ゼミ			
アルバイト			
サークル・部活			
ボランティア			
趣味・その他			
その他			
漠然とした考え			

そもそも業界・職種・企業か決められない・・・、という方はこの表を使って自己分析してみましょう。学生時代のどの経験から、どんな価値観が生まれたのか、言葉にしてみてください。次のページの参考例もみてくださいね。

■図19：参考例

出来事	興味・関心	長所・能力	求める条件・環境・ライフプラン
学業・ゼミ 中小企業について	中小企業向け金融 雇用不安		規模が大きい
アルバイト 学童保育の指導員	幼児教育 遊具、知育玩具	聞く力 分かりやすく 伝える	
サークル・部活 地元のサッカーチーム		上下関係のコミュニケーション	土日が休み
ボランティア			
趣味・その他 一人旅	物流、農業 加工食品	行動力 探求力	長期休暇がある インプットできる
その他 インターンシップ	子どもの世界を 変える		イキイキと働く姿 勢明るい雰囲気
漠然とした考え	モノづくりって かっこいいな～		いつか年収 一千万（笑）

「自己分析」とは過去の体験談を整理することです。みんな自己PRにつなげるための自己分析はたくさんしますが、志望動機のための自己分析をやらない人が意外に多い。経験からを振り返り、きっかけを探してみよう。

コラム④　就活にあるルールとマニュアル

　ルールとは「○○しなければいけない」というもので、マニュアルとは「こうした方が良いよ」というものだと僕は考えています。

　「説明会の予約をしようと思ったら満員だった……」。就活が始まるとこんな話をよく聞きます。大手の有名企業だったりすると、説明会の予約がなかなかできない。そんなときは、ダメもとで突撃訪問してみましょう！　予約していなくても、当日受付を訪ねて、「サイトから予約できなかったのですが、どうしても御社の選考にチャレンジしたいと思っています。後ろで立ち見でもいいので、説明会に参加させてもらえないでしょうか」と誠心誠意伝えましょう。

　「そんなことしたら選考に響くんじゃないか……」なんて思うかもしれませんが、そもそも説明会に行かないと選考してもらえないんですから。逆に人事の方も熱意を感じ取ってくれるかもしれません。断られて当たり前というスタンスで、謙虚な気持ちで訪ねてみてください。

　「就職サイトから予約をして説明会に参加しなければいけない」というルールはありません。その方が学生も企業も就職活動の効率が良い、というマニュアルみたいなものです。ぜひ突破してみてください。

　選考の案内で「履歴書を送ってください」とあると、履歴書だけしか送らないのももったいない。僕はアルバイトの様子を写真に撮ってアルバムにしたものを必ず一緒に送っていました。「送らないでください！」と怒られたことは一度もなく、むしろ面接ではうまくアピールにつながりました。

　履歴書しか送ってはいけないなんてルールはありません。自分の魅力を伝えるためには、プラスアルファしたっていいと思いませんか？　ライバルに差をつけるために、どんどん積極的に行動してみましょう。

第5章

働く100人の志望動機

　本書の一番の目玉である「働く100人の志望動機」のページにやってきました。ここまで読み進めたあなたなら、良い志望動機を見極める力がついているはずです。実際に働く人たちが書いた志望動機を読み参考にしてみましょう。

　もちろん、すべてがすべて完璧な志望動機ではありません。実際に働く人たちでさえ、志望動機を書くのは難しいと感じています。「これは良いな〜」「これはイマイチだな〜」と、自分なりに解釈しながら読んでみてください。

5-1

業界の全体像を掴もう

☑売上高はいくらでしょうか？

　最新のデータでは、日本にある企業の数は385万といわれています。そのすべての企業の売上高を合わせるといくらになると思いますか？　①68兆円、②589兆円、③1624兆円、④3865兆円のうちどれでしょう。

　正解は、③の1624兆7143億円でした（経済産業省・経済センサスより）。どうですか？　想像よりも多かったでしょうか、少なかったでしょうか。意外にこれ、ちゃんと知っている人は少ないと思います。恥ずかしながら、僕はこの仕事をするまでしっかりと調べたことがなく、正しい数字を言うことができませんでした。

☑一番、売上高の高い業界は？

　総務省の日本標準産業分類の大分類では、業界は20種類に分けられています。さて、一番売上高が高い業界はどこかわかりますか？　正解は……製造業です。

　図20を見てください。これは7分野あるサービス業を1つにまとめるなどして、業界を12種類にまとめたものです。製造業は396兆円、最近では自動車産業の隆盛は目覚ましいものがあります。次いで卸売業が345兆円、製造業に紐づいている業界ですから、必然的に売上高は大きくなります。3番目はサービス業、289兆円です。サービス業従事者の数が増えているわけですから、売上高も高くなります。

　日本は「ものづくり大国」と言われたことから、製造業に強みを持つ国の1つです。資源が取れない国ですから、外国から資源を輸入してそれを加工す

る。そこに付加価値を生み出し、海外に輸出する。そうやって経済を発展させてきました。

　売上高に対して企業の数はというと、サービス業が圧倒的に多く、約158万社です。1社あたりの売上高に換算すると……。ちょっと想像するのが怖いですね。

■図20：業界ごとの売上高

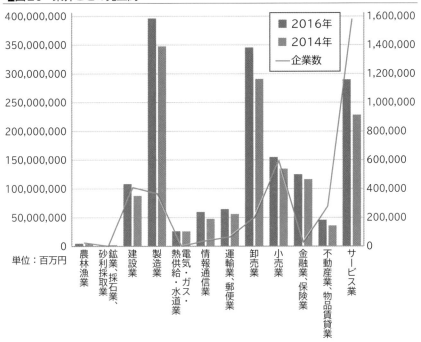

（経済産業省 2014・2016年経済センサスより）

　経済産業省が行っている経済センサスという調査は2～3年に一度行われるので、2014年、2016年のデータとなると少し古いと感じる人もいるでしょう。全体の売上高として、2014年のデータからは17.9％増と伸びを見せています。ただ、全体の割合はそれほど変わりませんので、現在を推測する上では良い材料ではないかと思います。まもなく、2020年に最新のデータが発表されますので、ぜひ調べてみてください。

■図21：業界研究のやり方

①就職イベントに参加

合同企業説明会やインターンシップに参加をして、積極的に質問をしに行きましょう。特に合説はたくさんの業界が集まるので、効率よく情報収集をすることができます。「企業の魅力」ではなく、「業界の魅力」を探すには最適です。あとは人事の人に顔を覚えてもらうことも大切です。

②インターネットで検索

「〇〇業界　魅力（or やりがい）」という言葉を打ち込んで検索してみると、その業界で働いた経験があるかたの何かしらの文章が出てきます。そこから自分に合う言葉を探してみよう。ただ、送り手の顔が見えない情報でもあるので、活用する際は注意を払ってくださいね。

③サービスの利用

サービス業は誰でも利用者になることはできます。BtoC の業界ならなおさらです。志望する業界のサービスを是非一度受けに行ってみてください。きっとまた新しい魅力が見つかるはず。ただ、高級ホテルなど高額になってしまうものは難しいかもしれませんね。

④店舗、施設に行く

特に小売業界を目指す方は絶対に店舗に行ってください。「お店は行ってみた？」と聞くと行っていないと答える人が意外にも多い。選考の途中で必ず店舗見学を挟む企業もあるくらいです。そして、同じジャンルだけでなく、他のジャンルの小売店にも行き、店づくりの違いを考えてみよう。

⑤工場見学に行く

BtoB の企業や製造業などは特に一般の人はなかなか入り込めない世界です。工場見学などを受け入れている企業もありますので、応募してみてください。志望企業ではなくても、同じ業界なら行ってみるだけでたくさんの情報を得られずはずです。チャンスを活かしてくださいね。

⑥OB、OG訪問

生の声や、裏話を一番聞ける方法です。最近では社会人とつながれるアプリやWebサービスがあるので、そういうものを使うのも 1 つの手です。ただ、怪しい誘いには気を付けてくださいね。特に女性は誰かと一緒に訪問するなど気を付けましょう。

⑦新聞、経済誌、業界誌、論文

新聞やビジネス系の雑誌は情報収集には最適ですし、業界団体の広報誌なども知る手掛かりになります。同じく、論文サイトなんかでも、キーワードを入れて検索するとその業界や商品・サービスの現状、課題・問題点、今後の展望などが分かったりします。

良いin putができれば
良いout putにつながります。
志望動機につながるための
情報収集をしっかりとできるように
なりましょう

■図22：業界ごとの特徴一覧

●製造業界

日用品	新しい生活観を生み出す
食品(乳業)	安心・安全な食を毎日提供する
食品(加工食品)	人同士が集まれる場・幸福を共有できる場を作り出す
飲料(清涼飲料)	トレンド、顧客の声を商品に変える
飲料(酒造)	真に求められる価値を商品として形にする
アパレル(婦人服)	年齢性別関係なく、人を磨き上げることができる
アパレル(子供服)	親が子に対する愛情をカタチにできる
印刷	お得・楽しい・役立つ、情報など、ちょっとした楽しみを与えられる
化学	幅広く、完成品に対して問題解決の可能性を持っている
化粧品	「目で分かる変化」で喜んでもらえる、楽しんでもらえる
製薬	医薬品によって人の命を救うことができる
自動車	地方生活での移動を支えている
自動車	「入ってくるもの(原料)」と「出ていくもの(製品)」の差に利益を生み出す
自動車部品	完成品の機能や付加価値をあげることができる
機械(建設)	1つ1つの工程・作業に必ず複数の人間の力で作り上げていく
機械(重工業)	多くの人と協力してものをつくり上げ、技術力によって人の生活を豊かにする
鉄鋼	素材の特性を引出す技術を開発し、他素材と差別化を図る
半導体	今後も無限な発展可能性がある
半導体	一見目立たないが日々の生活が少しずつ便利に快適になる裏側に必ずある

●卸売業会

専門商社(化学)	「情報力」がサービスの原点。それを駆使し、商品や技術の魅力を広める
総合商社	企業と企業を結びつける接着剤のようなもの
専門商社(化学薬品)	知識と商品を組み合わせて新しい価値を生み出せる
専門商社(鉄鋼)	双方の希望をつかみ取って橋渡し・調整をする
専門商社(電子部品)	新しい部材を見つけ出してきてビジネスにつなげる
専門商社(エネルギー)	人との繋がり・人との付き合いでビジネスが生まれる
自動車ディーラー	商品を作る全ての人・企業の仕事・利益を創っている

●小売業界

百貨店	"キラキラしている場所"、"楽しい刺激のある場所"を作る
スーパーマーケット	毎日の買い物の楽しさを提供する
コンビニエンスストア	〇〇があって当たり前、を作っていく
衣料量販店	楽しい空間を作ることで「欲しものを見つけた！」を生み出す
日用品・家具	「常にモノが買える」というインフラを作る
家電専門店	新しい生活をイメージさせ、夢を膨らませる
コンタクトレンズ	人の生活の一部(体の一部)になる物を扱う・生活を支えることができる

●ＩＴ・通信業界

通信	24時間365日、つながるネットワークを絶えず守っていく
通信	「もっと豊かで便利な世の中」に貢献できる
通信	情報の発信の質・量を増やしている
ITコンサルティング	熟練者しかできない処理を、新人が同じような処理ができるようにする
IT系シンクタンク	便利で効率的になった結果、有限な資産である「時間」を創出できる
システムインテグレーター(メーカー系)	実証実験を行いながら膨大なデータをもとに客観的な問題解決ができる
システムインテグレーター(医療系)	人手不足という大きな問題を解消するためにIT・通信技術がある
ソフトウェア	難解な作業やリアルでは実現できないシミュレーションができる
ソフトウェア	作業をする上での人為ミスをシステムのチェックによって減らすことができる
ソフトウェア	変化が起これば起こるほど、問題の解決力が増えていく
ＥＣサイト	資金力と場所にとらわれず世界中の消費者にダイレクトに良い商品を届けられる
ＥＣサイト(食品)	小売店では気づかない・知り得ない商品の魅力に触れられる
ＷＥＢコンテンツ制作	成果がはっきりと数字に現せる
ソーシャル・ネットワーキング・サービス	距離や時間の壁を越えられるオンラインコミュニケーションを提供できる
情報サービス	よりよくする可能性のある新しい情報を提供できる

●マスコミ業界

テレビ(公共放送)	番組によってより深い魅力に迫り、視聴者に喜怒哀楽を与える
テレビ(公共放送)	即時性(タイムリー)と広範囲に情報を伝達できる
テレビ(公共放送)	真実を追求して多くの人に伝えられる強い発信力

テレビ(キー局)	バラエティであれ、ニュースであれ、ドラマであれ、メディアが伝えるのは「人」
テレビ(キー局)	「地上波放送」という圧倒的リーチを生かしたビジネスができる
テレビ(地方局)	共感や笑い、感動を生む
広告代理店	仕組みや考え方だけでなく、アウトプットまで一貫した提案ができる
広告代理店(交通系)	答えを見つけるための壮大な社会実験のようなもの
広告代理店	企業とユーザーをつなぐことができる
広告(展示物)	伝えたいメッセージを増長・増幅させるのが展示物(広告)の魅力
広告・PR	製品情報を料理して、新しいニュースとして届ける
広告・PR	「これがほしかったんだ！」と思わせる空気感を作る
出版	人が持つものの見方をアップデートしてくれる
新聞(全国紙)	1次情報を発信し、社会に議論を生むことができる
新聞(地方紙)	不条理や格差など自分の力ではどうすることもできない人たちの声を対弁する

●金融業界

都市銀行	いま勢いのある会社に対し「推進」する役割
都市銀行	融資や返済の過程の中で、利益を生み出すためにいろいろな提案ができる
都市銀行	資産を増やすことができるお客様に合った商品を提案できる
地方銀行	然るべき所に資金を融通する
信託銀行	財産の円滑な承継をし、遺された家族が争うような状況を作らない
生命保険	人の力ではどうしてもでは助けられない状況に陥ったとき助けることができる
証券会社	眠っているお金と情報を循環させることで、企業を応援する人を集める

●建設・不動産業界

ハウスメーカー	作品として残り続け、街の印象を作り上げることができる
ゼネコン	地図の一部に残る仕事
不動産販売	家を買うことでどんな目的を果たしたいか？を叶える
不動産販売	プロデュースの仕方で土地の価値が変わる

●サービス業界

経営コンサルティングファーム	第三者という客観的な視点から変革をサポートする
コンサルティング(人事・採用)	チームを成功に導く「適材適所」を作る

飲食（コーヒーショップ）	1つの基準をもとに楽しめる空間を作ることができる
飲食	美味しい料理で人々を満足させ、快適な食空間を提供できる
教育（大学）	「知識を得る」ところから「自分で考える力」を身につける支援
通信教育	時間を置いて作り込んだものを提供することで教育の質を担保できる
予備校	＋αの学力を作り出すために、生徒に合ったものを提案する
人材紹介	人生の岐路に立つ人が自信を持って踏み出せるように後押しする
人材紹介（海外）	外国人の考え方などを取り込む事で良いアイデア・サービス・ビジネスが生みだす
人材派遣	働く人の伴走者になれる
求人広告	今まで気づかなかった違った企業の魅力を見つけ出すことができる。
医療・病院	その人が、その人らしく「生きること」を楽しむ支援ができる
福祉（こども発達支援センター）	子供たちの自己肯定感を高めるために、周りが認める環境作りをする
福祉（障害者生活支援センター）	当たり前に本来持っている「〇〇をしたい」という気持ちを支える
行政サービス（市役所）	利益に縛られず社会に必要なサービスを考え、提供できる
国際協力	人々や国同士が信頼で結び付けられる社会を生みだす
司法書士・行政書士事務所	将来に対する不安を法律という力で安全に解消する
エステ	お客様と一緒に効果を実感できる・共感できる
旅行代理店	人生を豊かにしてくれる余暇を、最も充実に過ごすサポートができる
エンターテイメント（テーマパーク）	親も子も一緒になって楽しめる場所を提供する
エンターテイメント（音楽）業界	人の感情を動かす、感動を作る、感動を届ける
ブライダル	親が子に持つ愛情を式という形で演出し、想い出に変える
航空	出張や旅行といった長距離の移動を安全に、定刻に、サポートできる
航空	お客様を安全に目的地へお連れする
鉄道	鉄道でつながる限り、日本の地域を活性化させる
道路（高速道路）	日本の東西の物流を支える大動脈として交通網を支えている

☑「志望動機」の見方

　業界ごとの最初のページには志望動機例のほかに作り方のワークシートも記載しています。ワークシートの内容がどう文章に反映するのかも参考にし

■図23：「志望動機」の見方

[　　　人材派遣業界、営業職、パソナ　　　]

	体験談	考え	思いつき
業界について	大学のゼミ活動で中小企業について学んだ。東大阪の町工場を回り、中小企業の窮状を体感した。当時、銀行から貸し渋り・貸し剥がしを受けた中小企業がたくさん倒産し、失業者が増えた。働く事に関して悩みを抱える人が多くなり、そういう人たちをサポートしたいと考えた。	「働く人の伴走者になれる」ことが人材派遣業界の魅力。派遣業は労働者が派遣契約の続くかぎりは5年でも10年でも関係が繋がっていく。定期的に職場を訪問し、悩みなどヒアリングし、問題があれば解決するように派遣先と交渉することができる。深いところまで入っていけるのが魅力だと考えます。	これからの人材業界は可能性があると聞いた
職種について	学童保育のアルバイトを経験し、子供たちの話をよく聞いた。他人の話を聴くスキルを活かしたい仕事がしたいと考えるようになった。	人材派遣の営業は派遣社員のフォローが重要な役割です。担当する派遣社員やクライアント企業の悩みや問題点を上手く聴き出すことができると、長く仕事を続けてもらえる良い信頼関係が作れると思う。	営業職は大変な仕事なので、経験を積めると思う
企業について	採用選考の中で、最終面接前に半日のインターンシップがあり、営業社員の方に同行する時間がある。取引先企業3社連れて行って頂いたが、途中の会話などでフォローや福利厚生に手厚いという話を聞いた。	派遣会社の中では派遣社員の立場に立ったフォローや、手厚い福利厚生が魅力と考えます。	大学の合同説明会に来ていた

てみてください。

　考えの裏付けとなる体験談は学生時代のものから、今働いている経験・転職前の経験など、さまざまです。「これは社会人の経験が考えの裏付けになっているな〜」など考えながら読んでみてください。

人材派遣／営業

働く人の伴走者になれる

> 職種の名称に関しては、その企業独特のものもあります。志望動機を書いてくださった方が書いてくださった名称をできるだけそのまま記載しています。

（業界）「働〇〇〇〇〇〇〇〇〇〇〇〇〇〇〇〇〇〇〇〇〇の魅力だといえる。派遣業に〇〇〇〇〇〇〇〇〇〇〇〇〇〇〇〇〇〇でも関係が繋がっていく。〇〇〇〇〇〇〇〇〇〇〇〇〇〇〇〇〇〇し、問題があれば解決す〇〇〇〇〇〇〇〇〇〇〇〇〇〇〇〇〇する派遣社員の職場の中の深いところまで入っていけるのが特徴だといえる。人材紹

失業者が増えた。働く事に関して悩みを抱える人が多くなり、そういう人たちをサポートしたいと考えた。

> 業界を選んだ理由（考え×体験談）が書かれています

（職種）　人材派遣の営業に〇〇〇〇〇〇〇〇〇〇〇〇〇〇〇ップ問題点を上手く聴き出すこと〇〇〇〇〇〇、長く仕事を続けてもうえる良い信頼関係が作れる。職場にある問題をなかなか言えなかったりして、ため込んでしまう人が多い。学童保〇のアルバイトを経験し、子供たちの話をよく聞いた。他人の話を取〇〇〇〇〇〇〇〇〇〇〇〇るようになった。

> 職種を選んだ理由（考え×体験談）が書かれています

（企業）　派遣会社の中では働く人の立場に立ったフォローや、手厚い福利厚生が魅力と考えます。採用選考の中で、最終面接前に半日のインターンシップがあり、営業社員の方に同行する時間がある。取引先企業3社に連れて〇〇〇〇いただいが、途中の会話などでフォローや福利厚生に手厚〇〇〇〇〇〇〇〇〇〇〇感じた。

> 企業を選んだ理由（考え×体験談）が書かれています

> コメントも参考にしてみてね

🖊（コメント）

これは僕の志望動機になります。会社を辞めて、あらためて魅力に思うのは、仕事を紹介できるという実行力と、働く人をサポートできる（伴走できる）というところかなと感じます。

5-2

製造業界（メーカー）

■図24：製造業の紹介

食品

加工品（肉、魚、野菜）、調味料（醤油、砂糖）、パン、お菓子などを作っている。

飲料

清涼飲料（炭酸ジュース、スポーツドリンク）、お酒（ビール、発泡酒、日本酒）、お茶（緑茶、烏龍茶）、コーヒーなどを作っている。

繊維・アパレル

衣類はもちろんのこと、その素材となる繊維・糸・布を作っていたり、ボタンやニット生地などの素材も作っている。

木材・木製品

木材を加工したり、組み合わせて木製品を作ったりする。合板などもこの業界で作られている。

家具

机、椅子、棚、ソファーなど日常生活で使われる家具が作られている。

パルプ・紙

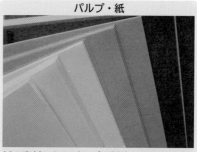

紙の素材となるパルプを製造したり、そこから紙を作っている。印刷業界で使われる巨大なロールペーパーをイメージしよう。

印刷

チラシやポスターといった印刷物の作成や、書籍・雑誌などの製本などを行っている。

化学

原油からナフサという原料を精製する。そこからエチレンなどの基礎製品、プラスチックやゴム製品といった誘導品を作っている。

石油・石炭

原油を精製しガソリンを作り、ガソリンスタンドなどに供給している。それに関連して潤滑油などの油製品も作っている。

プラスチック

プラスチックの素材や、フィルム・シート、発泡スチロールなどを作っている。それらから作られる容器なども作っている。

5

2

製造業界（メーカー）

ゴム製品

天然ゴム・合成ゴムといった素材を作り、そこからタイヤ・チューブ・ゴムベルト・ゴムホースなどを作っている。

鉄鋼

素材メーカーの代表例。鉄鉱石を原料として作られている。家の柱、高速道路・橋梁・自動車など使用は多岐に。街を歩けば鉄製品があふれている。

非鉄金属

鉄以外の金属を作る業界。アルミ、銅、レアメタルなど。銅は電線に、アルミニウムは半導体などに使われている。

金属製品

金属で作られるものを扱う業界。ボルト、ナット、くぎ、刃物などとして売られている。

はん用機器

ボイラ・タービン、蒸気期間、圧縮機、など工場の中などで使われている設備などを作っている。〇〇重工、という会社などはここに属していることが多い。

生産用機器

トラクターなどの農業用の機械、クレーンなどの建設機械、金属を削ったり穴をあけたりするマシニングセンタなどの工作機械などを作っている。物を作るための機械。

業務用機器

コピー機などの事務用機器、飲み物を買う自動販売機、手術台などの医療用機械、飲食店の厨房で使う業務用機器、など幅広いものを作っている業界。

電子部品・半導体

半導体、液晶パネル、電子回路などを作っている。スマートフォン・Pc・テレビなどに必ず使われていて、今のIT社会には絶対に必要な業界。

電気機器

いわゆる「家電製品」を作っている業界。冷蔵庫、エアコン、テレビ、など身の回りにあるものを作っている。

情報通信機器

「情報を通信するための機械」ということで、携帯電話・パソコン・電話機、などを作っている。

輸送用機器

「輸送用」と聞くと堅苦しく聞こえるが、要するに「運ぶ機械」。自動車をはじめ、鉄道車両、飛行機などを作っている。

写真：Wikipediaより

5

2

製造業界（メーカー）

☑製造業の特徴は？

　製造業は「原材料を加工して、製品を作る」というように定義できます。「こんなものがあるといいな〜」という想いを、商品という形に変えて世に送り出すことができるのが一番の魅力です。消費者が欲しいものは何か、求めているものは何か、それを掴み取って製品に変えていきます。

　そして、いろいろな役割の組織があります。技術開発、商品企画、営業、購買など。みんな「良いものを作りたい」と思っていますが、それぞれの役割によって「良いもの」の概念が変わってきます。それぞれが思う「良いもの」について意見・考えをぶつけ合い、1つの製品を作り出していくことが醍醐味です。
　「チームで何かを成し遂げたい」という方にはお勧めの業界ですね。

☑最も売上高が高いのは輸送用機器業界

　製造業は全業界の売上高1624兆円の中で最も多い396兆円です。その中でも輸送用機器が、73兆円と断トツに大きな規模です。
　輸送用機器とは、この単語ではピント来ないかもしれませんが、要するに「人や物を運ぶ機械」といえます。自動車をはじめ、鉄道車両、航空機、船舶などがそれにあたります。73兆円のうち、自動車・自動車部品が90％を占めています。世界中で日本車は売られており、日本経済をけん引しているといえますね。

☑BtoBの代表！　化学業界

　輸送用機器の次に売上高が大きいのが化学業界です。身近な食品や電気機器の業界を想像した人も多かったのではないでしょうか（食品は3番目の市場規模ですが）。
　化学業界はとても裾野が広く、身の回りのほとんどの物に化学業界で作られた製品が関わっています。原油をもとに作られた原料から、最終的に衣類・家具・自動車・化粧品・医薬品などに形を変えていきます。製造業といえば、とかく完成品メーカーばかりを想像しがちですが、素材メーカーも大きな市場規模を持っています。

■図25：1つの商品に関わる役割

⑨保守点検　①技術開発　②商品企画

⑧事務　商品　③営業

⑦品質管理　④購買・調達

⑥生産工場　⑤協力会社

■図26：製造業界の売上高

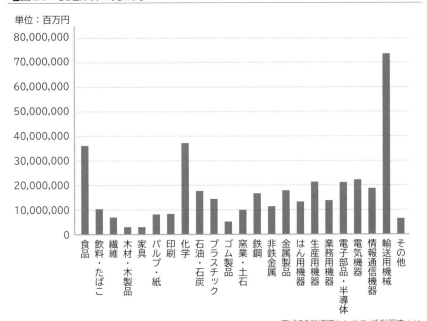

単位：百万円

平成28年経済センサス-活動調査より

☑日用品業界の方が書いた志望動機ワークシート

	体験談	考え	思いつき
業界について	学生時代に〇〇（商品名）というシャンプーが発売された。それまでずっと金髪の西洋美人を目指すような風潮だったが、日本人が持つ黒髪の美しさを再評価し、それを磨きたい、というトレンドに変わったように感じた。誰もが手に取る"普通の商品群"なのに、世の中が大きく変わったと感じ、自分でもやってみたいと思った。	自分が手掛けた商品や施策が日本中（ないし世界）に広がり、お客様の目に触れるチャンスがある。また、ただ商品をつくるだけでなく、新しい価値観や生活観を生み出せるチャンスがある	誰もが手にする可能性がある商品群 世の中を動かす起爆剤になれる
職種について	東南アジアにある国の新発売プロジェクトの立ち上げ・推進をした。お客様の声を聴いている中で、不衛生な環境で生活している人が多いこと、ちゃんとした対策商品がないと感じた。自分だけでは発見できなかった気づきであり、現地スタッフや関連部署との協働により機会を発見・創出でき、最終的に商品化することにより、自分だけでは実現できない大きな価値提案ができたと感じた。	マーケターは実は自分だけでは何も生み出せない職種。デザインも作れないし、処方もつくれない。広告もつくれない。世の中のトレンドやお客様の実態をよく見て、関係者に動いてもらうだけのストーリー（商品が生まれた動機や背景）を見つけ出し、必要性や説得力を作り出す。それが実際のモノや施策ができてくることつながり、喜びを感じる。	世の中を動かす起爆剤になれる
企業について	誇大広告やオーバークレームがあふれ、使ってがっかりすることがある。実際身近な人でもそんな体験をした、と聞く機会もある。自分が一生携わる仕事が、人に自信を持って勧められないのはいやだと考えている。	担当している社員自身が本当に良い商品だと自信を持てる、家族や友人に勧められる商品づくりをしている。	ウソのない、まっとうな商売をする

日用品／マーケティング

新しい生活観を生み出す

（業界）　学生時代に○○（商品名）というシャンプーが発売された。それまでずっと金髪の西洋美人を目指すような風潮だったが、日本人が持つ黒髪の美しさを再評価し、それを磨きたい、というトレンドに変わったように感じた。誰もが手に取る「普通の商品群」なのに、世の中が大きく変わったと感じた。商品や施策が日本中（ないし世界）に広がり、お客様の目に触れ、新しい価値観や生活観を生み出せるチャンスがある。

（職種）　東南アジアにある国の新発売プロジェクトの立ち上げ・推進をした。お客様の声を聴いている中で、不衛生な環境で生活している人が多いこと、ちゃんとした対策商品がないと感じた。これは現地スタッフや関連部署との協働により発見でき、最終的に商品化できた。自分だけでは実現できない大きな価値提案ができた。マーケターは実は自分だけでは何も生み出せない。デザインも作れないし、処方もつくれない。広告もつくれない。世の中のトレンドやお客様の実態をよく見て、関係者に動いてもらうだけのストーリー（商品が生まれた動機や背景）を見つけ出し、必要性や説得力を作り出す。それが実際のモノや施策ができてくることつながる。

（企業）　誇大広告やオーバークレームがあふれ、使ってがっかりする商品がある。実際身近な人でもそんな体験をした、と聞く機会もある。担当している社員自身が本当に良い商品だと自信を持てる、家族や友人に勧められる商品づくりをしているところに魅力を感じた。

✒️（コメント）

日常的に使うものを作っている業界だけに、ヒット商品が生まれると、それだけで生活に対しての価値観をガラッと変える力があります。そこをうまく訴求していますね。

食品(乳業)／購買

安心・安全な食を毎日提供する

(業界)　大学時代に農学部で牧場実習を行った際、毎日生産される生乳の品質を安定させるために生産者側もたくさんの努力をしていることを知った。そのため、生乳を受け入れるメーカー側の視点に立ち、安全・安心な食品を提供することにつなげていきたいと考えた。食品業界は人々の生活に欠かせない「食」を提供する業界であり、安全・安心なものを提供することに責任がある。特に乳業メーカーは、生乳を使用して製品を作るという特性上、ほぼ毎日工場が稼働しており、商品の提供頻度も非常に多い。それに伴い、原料となる生乳の搬入も日々欠かされることはない。そのため、常に品質を一定に保つために、生産者と日々切磋琢磨できることにやりがいを感じる。

(職種)　購買の仕事は自社に搬入される生乳の品質を安定させるため、メーカー側の視点から生産者とコミュニケーションをとり、品質改善に取り組むことが仕事になる。学部時代の生産者への経営調査によって、様々な経営のお話を聞きながら、経営的な視点から分析を行った経験を活かせると思った。

(企業)　大学時代には町おこしイベントの主催に関わった。その際に、様々な人々と関わってひとつのものを作りあげることの面白さを知った。乳業を主体としつつも、現在は総合食品メーカーとして幅広い商品を作っているため、様々な視点・役割を持った人々と仕事ができることが楽しみであると考えます。

✎(コメント)

「安心・安全」と「毎日」という2つのキーワードがあるのは食品メーカーならではです。スーパーマーケットには毎日新鮮な乳製品が供給されており、どれも高いレベルでの品質保持がされています。その点がうまく言葉にされていますね。

食品（加工食品）／商品開発

> ### 人同士が集まれる場・幸福を共有できる場を作り出す

（業界）　大学で食品栄養学の研究室に所属していたとき、みんなで残って研究をしていることがよくあった。そんな時にある一人が「お菓子あるよ〜」と声をかけると、みんなが一斉にそこに集まった。作業につかれたみんなの顔が笑顔で緩んだ瞬間がそこにあった。人口減少や少子高齢化が進み食品業界としては縮小傾向にあるが、「食」は人同士が集まれる場、美味しいと思える幸福を共有できる場であると考える。食品とはそれを作れるツールと考えている。

（職種）　働き出して1年目のとき、自ら開発した商品がスーパーで手に取られるシーンに遭遇した。友人・家族から「美味しい」の言葉を受けると、とてもやりがいを感じられた。今の時代に何が求められているのか、何であれば受け止められるのかを考えつつ、自ら興味のある「食」を探求できることに魅力を感じた。いつか既存品より美味しく、画期的な商品を作りたい。

（企業）　社内には食に関する様々な「〇〇会」という名のついたサークル活動が存在する。世界各国の料理を食する会、カレーに的を絞った会など、趣味を通して仕事に活かせる環境が存在する。「人同士の仲」が非常に良いことに魅力を感じた。特に開発部の人たちは穏やかなメンバーが多く、人柄が良い。だからこそ、安心して仕事にとことん打ち込める環境があるのではないかと感じた。

🖊（コメント）

「食」という大きなテーマがあって、人同士が集まれる場（業界）、探求できる（職種）、人が良いので、安心して仕事に打ち込める（企業）という訴求点が表現できているのではないかと感じました。伝えたいことが、うまく3つの視点で構成できていますね。

飲料（清涼飲料）／営業

トレンド、顧客の声を商品に変える

（業界）　飲料メーカーは常にライバル社の情報に目を配り、トレンド、顧客の声を商品に変えるのが役割だと考える。入れ替わりや値段競争が絶えない業界ゆえに、トレンドやお客様の声に気を配って先々を予測していないといけない。大変だが、目まぐるしくもこういったことに応え続ける点が面白さだといえる。大学生の時に旅が好きで、旅の中で出会ったおすすめスポットや飲食店などを他の人にも勧めたいと思った。人がどんなことに興味や関心を抱いていて、どんなことが流行っているのか興味を持ったことがつながっていると考える。

（職種）　情報をいかに多く仕入れて引き出しを増やし、準備して臨めるかが大事になる。そうすることで、相手の求める情報をうまく伝えられたときにやりがいを覚える。ここ数年、世間的には健康志向ということもあり、原料などより厳しくみられる風潮になった。その様なお客様は多かったが、原料表記や製法がしっかりしているということをあらためて調べ、一般消費者や小売店の担当者に、情報をしっかりと伝えて自信を持って売り出すことができた。

（企業）　商品やサービスにおいて、きちんとしたコンセプトに則って商品開発をしている企業で働きたいと思った。社内の理念を基礎としていて、たとえ道から逸れそうになっても、指針がしっかりしているので一貫性を持って事業が進んでいくと思った。○○社は先進的な取り組みや独自性のある商品もリリースするが、それだけではなく商品の根本的なところも外していない点が安心できる。

🖊（コメント）

飲料業界は数あるメーカーのなかで、どんどん新商品が生まれる入れ替わりの激しい業界です。消費者のニーズを掴む、ということを大切に思っているんですね。

飲料（酒造）／国内営業

> ### 真に求められる価値を商品として形にする

（業界）　大学時代から食べることやお酒を呑むことが好きだったため、食に関わる仕事に興味があった。ヨーロッパに留学をした時に現地にある日本料理屋はあくまで現地人向けに改良されたものしかなくショックを受けた。自分が知っている日本食ではなく、日本食に似ているもの、という感じだった。日本の食文化について考えるきっかけになった。日本国内の食文化の変化としてはアルコール出荷量が年々減少し、酒が飲まれなくなっている。消費者の意識は、「酒は酔えればいい」から、「嗜好品」へシフトしており、真に求められる価値（時代の変化）を掴み取って商品にする力がメーカーにあると感じた。

（職種）　大学時代に高級レストランでアルバイトしていたが、コミュニケーションは答えが無いだけ難しいと感じた。酒は無限と思えるほど種類があり、営業先となる酒販店は数多くの商材を扱っている。また、日本酒は年によって出来が異なったり、季節商品も年にいくつも発売されたりするため、細やかな、わかりやすい商品案内が必要。必要だからこそ、得意先とコミュニケーションをとる機会を多く持ち、関係性を構築することが必須だと思った。

（企業）　○○県出身で、隣県の学校に進学した。その中で、あらためて地元が好きだなと実感した。出身県の魅力を国内・海外問わず伝えたくて、地元企業に就職したいと考えた。縮小する国内消費とは別に、海外輸出にも力を入れていることから、その機会を得られると感じた。

🖊（コメント）

基本的に製造業はニーズを掴み取って形にするのが一番の役割だと言えます。しかし、お酒・食文化というより変化の激しいジャンルだからこそ、その役割がより一層求められるといえます。

5

2

製造業界（メーカー）

アパレル（婦人服）／販売

> **年齢性別関係なく、人を磨き上げることができる**

（業界）　ファッションとは年齢性別関係なく一生付き合っていくもので、世代にあった商品をもって、幅広いお客様と関わることができるのが魅力の1つ。そしてなにより、お客様も自分自身も内面・外見も磨き上げられる業界といえる。高校時代は生徒会長をするなど目立ちたがりな一面もあり、いつしか華やかな世界に身を置いて、外見も内面も磨き上げようと思うようになった。

（職種）　販売の仕事は「自分を売り込む」ことがもっとも大切だ。より高い商品スキルや接客スキルを身につけ、お客様が望む一歩上をいくサービスを提供することで、選んでもらえて顧客化に繋がる。リピーターや顧客の名前・購入商品・ワードローブ・前回話した内容などを覚えておいて、次の接客で小出しにする。距離が一気に縮まり、信頼関係が築け、自分を頼ってご来店いただける。そのために「お客様のこと覚えていますよアピール」をしている。何度もご来店くださる方が増えた。

（企業）　純正の日本製アパレルであることを示す「Jクオリティ」という認証をどこよりも早く受けている。日本のものづくりの良さが滲み出た価値ある商品を市場に提供していることが強みだ。正直値段は高いが、素材・縫製の良さ感じてもらい、着用して、さらに良さを実感していただき「やはりいいものは違うね」と値段にも納得していただけるところが強み。

🖊（コメント）

「年齢性別関係なく、一生付き合っていくもの」はアパレルならではです。衣類を身にまとうことで、人は磨かれて輝いていきます。そして、売る側としても当然身だしなみには気を付けるでしょう。自然と磨き上げられていくのでしょうね。

アパレル（子供服）／生産管理

親が子に対する愛情をカタチにできる

（業界） 就職活動の前に、自分の価値観を定めるために貧困国に一人旅をしに行った。スラム街を歩きながら、彼らの「宝物」をインタビューしてまわった。その中で、子供が生きていることを大切に思う親の気持ちを実感し、自身も恵まれた環境で育ててもらったことを体感した。愛情を子供にそそぐ、そういった手伝いをしたいと思った。子供服とは親が子に対して持つ愛情の表れと言っていいほど一生懸命考えて買っていかれるものだ。親が子に対して愛情を表現できるツールをもって自身も携わりたいと思った。

（職種） 実家の中華料理屋を手伝う際、常にお客様が何を求めているか考えながら仕事をするよう指導された。相手のメリットは何か、そしてどうすればそれが自己のメリットになるかを考える習慣が身に付いた。生産管理の仕事は、自社の「こだわり」を協力会社にどう理解してもらうかが大事だ。お互いのメリットが成立してこそ、協力関係が続いていく。どちらかに無理が生じてしまうと、良い関係性は続かないからだ。

（企業） たくさんの働いている先輩とコミュニケーションの場を設けてもらい、取材していく中で自身がどう働くのかイメージがわいた。年齢問わずチャレンジさせてくれる風土に惹かれた。また人事採用の方が自分の志望動機や自己PRを積極的に提出した際、真摯に聞いていただき、アドバイスもいただけた。人をしっかり見ている環境に、自分も働きたいと思った。

✏️（コメント）

子供服には親の愛情をカタチにする力がありますね。売り場に見学をしに行ってみると、商品を楽しそうに眺める方々の様子がたくさん見えます。きっと、それを身に着けたお子さん・お孫さんの様子を想像しているんでしょうね。

印刷／校正担当

お得・楽しい・役立つ、情報など、ちょっとした楽しみを与えられる

（業界） 印刷会社の1週間のインターンシップに参加をした。自分の名刺を作る作業をしたのだが、イラストレーターの使い方を学んで、1つの形あるもの(印刷物)を作り出す流れを学んだ。そこに、ちょっと面白い一言や情報を盛り込んだところ、周りに良い反応をもらった。印刷物の魅力は、それに触れることで「ちょっとした楽しみ」を贈れるところにあると思う。お得だったり、楽しかったり、役立つ情報だったりを提供できる。そして今日・明日、というスピード感のある最新情報を知らせることもできる。

（職種） 高校生の頃、Z会の通信添削を利用していた。丁寧に添削されてきた問題用紙を見て勉強に対するやる気が出た。それ以来、紙ベースでのコミュニケーションに魅力を感じた。印刷物はチェックされずに間違ったまま印刷されると、間違った情報が世の中に流れてしまう。正しい情報を世の中に送ることができる魅力が校正の仕事にはある。どの校正員も気づかなかったのに、自分だけが気づいた際などはやりがいを感じる。

（企業） 学生のとき、インターンシップの経験をまとめた冊子を作ったところ、受け入れてくれた企業の方々に好意的に評価された。社長に会わせてもらう機会をいただき、いろいろ話をする機会をもらえた。社員同士の人間関係が良く、風通しがよく、楽しみながら働いている印象を受けた。活気を感じた。

🖊(コメント)

インターネットの情報が主流になりつつあるけど、やはり紙ベースの情報発信にも魅力がたくさんあるといえます。それこそ僕が就職活動をしているころから「紙はなくなる」と言われ続けてきました。でもまだまだたくさん紙の文化は残っていますね。

化学（繊維・プラスチックフィルム）／営業職

幅広く、完成品に対して問題解決の可能性を持っている

（業界） 身の回りにあるものは見渡す限り化学品で囲まれている。机、コップ、窓ガラスなど。化学製品は汎用性が高く、単価の安いのが特徴といえる。だからいろいろな商品の素材として活用することができ裾野の広い業界と言える。だからこそ、あらゆる完成品の問題解決に関わることができ、新しい中間素材が生まれることで、今まで作れなかった完成品を作るきっかになる。大学では経済学部に所属していて、海外と日本の製造業のつながり「サプライチェーン」について学んでいた。製造業について興味をもつきっかけになった。

（職種） アルバイトで塾の事務員（チューター）をしていた。受験生の面談をし、生徒の悩みに目を向けた。それを講師や校舎長に伝える経験を積んだ。双方をつなげることの大切さを学んだ。営業職は現場の最前線にいる仕事なので、クライアントや他社の情報が一番入ってくる。それを工場の開発者に依頼をし、情報をつなげるのが一番大切な仕事いえる。情報を掴み、それを伝える力が求められる。

（企業） 安定した、長く続く会社で働きたいという価値観があった。1つの商材やビジネスに特化しているのではなく、時代の変化が起きたときに対応できるよういろいろな商材やサービスを持つ企業に入りたいと思った。〇〇社は多角化の仕方が面白く、化学技術の転用だけでなく、医療の分野やスポーツジムの分野にも手を広げている。だが、単に流行りに乗っているのではなく本業の技術を活かしている点に魅力を感じた。

🖊（コメント）

新しいフィルムができたことで、今までにない形の洗剤ボトルが誕生したそうです。あらゆる分野の商品を生まれ変わらせる力があります。

化粧品／美容部員

「目でわかる変化」で喜んでもらえる、楽しんでもらえる

（業界）　化粧品メーカーはお客様の肌に関するお悩みを商品という形に変え、解決できるような提案を商品販売につなげている。「目でわかる変化」で喜んでもらえる、楽しんでもらえるのがこの業界の魅力。悩みに合った化粧品を使っていただくと「肌が全然違う！」と変化に驚かれるほどだ。学生のころから美容が大好きで、友人たちに勧めたりして、喜んでもらったときにとても嬉しかった。

（職種）　百貨店の店舗で接客販売するのが美容部員の仕事。何より大切なのはお客様に「興味を持つこと」。製品を買いに来られたときに、なぜその製品を買いたいのか聞き出すことが大切だ。流れ作業のように「ありがとうございます」ではだめで、そこで興味を持って一言聞いてみる。多くのお客様は雑誌を見て買いに来られるが、雑誌は言葉をまとめていて、使いたくさせるものが多い（細かい性質や、効能までは書かれていない）。聞いてみると、本当に求めているものとは違っていたりすることが多く、本当に合っているものをお勧めすることができる。

（企業）　お客様の声から製品を創り出しているところに商品やサービスに強みを感じた。外資系のブランドだが、今では当たり前になっている○○というジャンルの商品を当時初めて発売した。それは、お客様からの要望を形にした結果だった。お客様の声によりそうスタンス、価値観が自分に合った。教育大での実習で、実習先の学校が意見箱を校舎に置いていた。寄り添う、という点にとても魅力を感じたことがあった。

🖊（コメント）
女性は化粧品には詳しいと思っていましたが、そうではなかったりもするんですね。「興味を持つ」って良い言葉です。流れ作業で会計をするだけなら、そっちの方が楽なのに、流されない意思が大切になりますね。

製薬／MR

> ### 医薬品によって人の命を救うことができる

（業界）　大学では化学を専攻していて、研究器具の研究をしていた。化学式が好きで、物質や元素の根本的なことを学ぶことに興味があった。薬剤師を目指していた時期もあった。製薬会社が作る医薬品は患者さんの生命に関わる。人の命を救うことができる力を持っている。そして、薬を作るだけではなく、薬に関する情報を伝えることも役割といえる。医師の求めに応じて、効用や使い方や副作用などを広める。啓蒙的な活度をするところにも魅力を感じた。

（職種）　MRは病院や開業医を訪問し、自社医薬品の情報提供活動が中心となる。基本的には医師は学力に秀出ていて、知識が深い人が多い。そういった人たちを相手に薬に関する知識のやり取りが必要なため、特に自社の製品やそのジャンルについての深い知識が必要になる。就活中、MRをされている方3名にOB訪問をした。1年目は特に勉強する時間が長く、資格を取るために必修の教育時間もあるほどと聞いた。もちろんそれだけではだめで、医学論文なども読み込まないといけないという話を聞いた。学生時代、特に理系分野だったからか、論文を読み込んだり、専攻分野についての勉強をしたりする習慣が身についていたので、活かせるのではないかと感じた。

（企業）　外資は基本的には結果重視で、昇給や賞与が実績で変わってくる。様々な業界の中でもかなり高待遇だ。商社や銀行並みに高い給与や手厚い福利厚生が魅力と考える。頑張った分だけ成果に反映されるところに魅力を感じた。

🖊(コメント)

「人の命を救う」という言葉にとても重みを感じます。それくらいの覚悟を持って志望動機を作れるところが素晴らしいですね。

自動車／営業

地方生活での移動を支えている

（業界） 少子高齢化と言われており4輪車の需要が低迷すると懸念されているが、安全面やコンパクトカーの実用性で高齢者への販売台数が上がっている。郡部地方などではインフラ施設・移動手段が拡充されておらず、地方生活での移動を支えているという魅力を感じる。免許を取得されてから、60年近く自動車に乗っているお客様がいたが、ご高齢になり移動手段のためシニアカーを購入された。自動車のお陰で生活が助かると言っていた。

（職種） 自動車業界は新型車の開発や広報の部署など花形の部署もあるが、直接販売し顧客管理することでアフターマーケット（車検・保険）を獲得することも魅力だ。各業界でネット販売の普及で営業職の必要性が減少しているが、自動車営業は人と人の繋がりが非常に大切なので営業職として「人間関係を作る力」が求められる。商品として選ぶこともあるが、人として選ばれて販売することも多い。ユーザーの満足度を上げて営業実績も上げることが1番の遣り甲斐だ。5年目は法人営業を担当していた。前年実績で2000万円ほどの取引しかなかった取引先から1億円近い取引ができる関係性を築けた。

（企業） ○○社は直営のディーラー数が業界で最も少なく、販売店（取引先）を通してたくさんの車両を販売してもらっている。夫婦で営んでいるような町の修理工場（代理店）にも顔を出し、販売促進・営業活動をしている。流行りの海外展開だけでなく、昔からの販売網作りにも力を入れているところに魅力を感じた。

✏️（コメント）

どんなことに意識をして、人間関係を作っているのか、とても知りたくなりますね！　皆さんも、応募企業の社員がどんな風に人間関係を作っているのか聞いてみてください。

自動車／技術職

「入ってくるもの（原料）」と「出ていくもの（製品）」の差に利益を生み出す

（業界）　大学では化学工学を専攻し、「儲かるための作り方」について学び、モノづくりに興味を持った。製造業では材料・エネルギーといった「入ってくるもの（原料）」と「出ていくもの（製品）」によって成り立っている。物質量には変化はないが、加工することで単価が変わり、この差が儲けになる。この差を大きくするために、有限である資源のロスを抑える技術力を高めなければならない。企業の利益と自然維持というある意味矛盾した2つを追求することに製造業の役割を感じた。この2つを維持することで、長く維持できていく。

（職種）　大学での研究の中で「論理的に考える」という力が身についた。大局的に捉えて提案するために、「どうして？」を繰り返し考え、筋道をたてて追及する習慣が身についた。生産技術のみならず、研究・製造管理といった職種でも論理的に考え（感情的、直感的ではなく）、利益を生み出していかなければならない。インターンでの職場実習でそう感じた。

（企業）　働く上で「自身の成長度合い」を重要視した。成長するために、自身が本気で仕事に取り組むためには、「一緒に働く方が本気で仕事に取り組む環境」が必要と考え、①誇りを持って仕事している、②誠意ある取り組み、③優秀な上司の3点を希望した。インターンでの職場実習・リクルーターの方とのやり取りの中で、満たされている企業と感じた。

🖊（コメント）
大きな意味で「製造業の役割」という視点のようにも思いますが、自動車は最も売上高の高い一大産業です。利益を生み出すことと、資源を確保することが大きなテーマになっているということですね。

自動車部品／エンジニア

完成品の機能や付加価値をあげることができる

（業界）　自分の携わる部品が小型化して人が車に乗っている姿を見ると、前の世代の部品よりも小型化してないとこの車のパッケージにならなかったと感覚的に思う。ものづくりの魅力は、生み出されたもの、すなわち原理や原則（工学などの理論や考え方など確立されているもの）を応用してものごとを実現することで人の生活を豊かにできる。一つ新しい製品（部品、素材）は、自動車（完成品）全体の機能に対して影響を与えることができる。良い製品（部品、素材）を作ることで、完成品の機能や付加価値を上げることができる。

（職種）　大学の研究で一部ではあるが自分で考えた方法で実験をして、予想した結果が出る場合と出ない場合はもちろんあるが、結果を作り出すという習慣が身についた。わからないことを明らかにする、それを日々繰り返し行うのがエンジニアの仕事だ。日々の仕事では決められた範囲の中で品質、コスト、納期を満たすことができる条件を模索する。その範囲も自分たちで決めることができる。責任は大きくなるが自由度が高い分やりがいもある。

（企業）　業界トップの企業であるため、研究開発費が多く、将来やりたいことが増えていくと考えた。世界一の製品や付加価値の高い製品を作っていることは、やはり仕事をやっていて自負も生まれるし、経験も積むことができる。自分たちで決められるということは大きなやりがいになる。

✒ (コメント)

メーカーというと、とかく完成品ばかりをイメージしますが、部品や素材があってこそ。良い素材、良い部品が完成品の性能を左右するのがまさに醍醐味ですね。

機械（建設）／機械設計（エンジニア）

1つ1つの工程・作業に必ず複数の人間の力で作り上げていく

（業界）　機械系の専攻分野で大学院まで進学し、微細加工について研究を行っていた。1ミクロンの世界に関わっていた。作るものについての大小は違うが、モノ作りに興味を持った。機械メーカーは仕事をするための機械・資源を掘り出す機械を作っている。乗用車などと違い、1台の大きさが遙かに巨大で、1つ1つの部品も大きい。1日に作る台数も当然少ない。ベルトコンベアーで工程を分けて大量生産するのではなく1つ1つの工程・作業に必ず複数の人間の力で作り上げていくので、そこに面白さがあると感じた。

（職種）　大学では吹奏楽部に入り、打楽器を担当した。最初の練習は個人やパート単位になるが、最終的には色々な楽器を持つ人たちが1つに合わさっていく。1つの音を創り出すためには、自分のことばかり考えていてはだめで、他の演奏者の動きや出す音に意識を持つことが大切だと学んだ。エンジニアという職種は図面を書いたり、設計をしたりする。建設機械の設計は数人で図面作りを分担するので、自分の図面ばかり見ていては見落としが起き、接続がうまくいかないことになる。視野を広げることが大切で、図面と向き合っているだけではなく、人間関係を作る力が求められる。

（企業）　研究室の先輩が多く入社していて、企業の先進的な取り組みの話を聞くことができた。業界では日本で一番大きな企業なので、製造における自動システムなど先進的な取り組みをしている。エンジニアを目指すからには、最新の取り組みをしている企業で働きたかった。

✒（コメント）

製造業は基本的には、いろいろな役割の人が集まって1つの商品が生まれていきます。機械メーカーはその中でも特に「協力」というキーワードがあります。

機械(重工業)／営業職

> **多くの人と協力してものをつくり上げ、**
> **技術力によって人の生活を豊かにする**

(業界)　大学でのボランティア体験に参加をした。2週間の住宅建設プログラムで、途上国に行ってレンガを積み上げ家を人の力だけで建てるという活動をした。数十人の人たちと一緒に作業を行う中で自分独りでできることの限界を感じ、多くの人と協力してものをつくり上げ、企業が持つ技術力によって人の生活を豊かにするものづくりに携わりたいと思った。そうやって作られたものが国のインフラを整えていき、人々の生活を豊かにすることができる。社会の基盤を支えるものといった幅広い製品群を提供できたり、規模の大きい仕事に携われたりできることも重工業メーカーの魅力だと思った。

(職種)　使いきれなかったノートの残りページや切れ端を集めて、つなぎ合わしてノートを作り、それを途上国に送る活動をした。自分のアイデアが、無駄なものに価値を生み出したことに喜びを感じた。アイデア1つでものの価値は変わると感じた。営業の仕事は新しい発想でビジネスを作り出したり、提案したりできる。商品をどう扱うかで効果は変わるが、その視点を作るのは現場に一番近い営業だからできると考えた。

(企業)　○○社は同業の機械メーカーにコア技術の詰まった商品を販売しているくらい高い技術力を持っている。機械商品に関してコアな技術を持っているから、他のメーカーができないような企画・提案ができることが魅力だと感じた。

🖊(コメント)

製造業は研究、企画、営業、購買、生産管理、品質管理、保守点検といったいろいろな役割の人たちが皆て力を合わせるからこそ成り立つ業界です。そこを訴求点としていて、業界の特徴を掴めています。

鉄鋼／研究開発職

> **素材の特性を引出す技術を開発し、**
> **他素材と差別化を図る**

（業界） 学生のころ燃費を競う競技に参加しており、中でも車体の開発・製作に取り組んだ。軽量化のために素材の選定と最適な車体形状を設計した。この経験から設計において素材とその加工の重要性を学んだ。IT業界で進んでいるような「革新」はなかなか起こらないのがこの業界だが、素材の特性を引出す技術を開発し、他素材と差別化を図っている。実のところ素材（鋼）は常に進化を続けている。例えば、素材を通じて自動車の軽量化に貢献している。

（職種） 先輩社員から「お前は新しいことに取り組んでいる。誰も足を踏み入れていない領域を切り開くんだ」と言われた。ここから学んだことは、研究開発では誰も歩んでいない道を行くことに価値があるということだと知った。研究開発の仕事は、従来知見がない領域（未知の分野で、データがなく空白の部分）にデータを整理し、図解表現し、直感的に理解できるようにすること。それによって、新しい発見ができる。業界の常識からは想像できないデータ・結果が得られて、その研究によって常識を変えることが魅力だ。

（企業） アイデアを実現する手段に苦慮していたときに知見を持つ社員を探した。他部門の社員からヒントと技術を得ることで開発が進み、人材の層の厚さを実感した。歴史ある企業なので、社員ひとりひとりが技術の生き字引。彼らは知識や知恵を授けてくれる。そんな風土に魅力を感じた。

🖋（コメント）

素材の特性を引き出すために、素材メーカーの人たちは日々試行錯誤されています。その結果によって、完成品の性能を引き上げる可能性を持っているんですね。素材の力を感じる言葉がありました。

半導体／技術営業

> **今後も無限な発展可能性がある**

（業界）　就職活動中、日本の強みである製造業に興味を持ち、工場で実際に半導体の加工が行われる場面を見学した。スマートフォンやネットの発達につれて急激に成長している半導体業界に興味を持つようになった。単に電子機器や電子部品のような物だけに限らず、人の命に関わる医療や人々の趣味や余暇生活に関わるスポーツやエンターテイメントなど色んな分野でも半導体が導入され、今後も無限な発展可能性があり、人々の生活に大きな影響を与えられる業界であると思えた。この業界での仕事をすることによって社会的に貢献したいと考えた。

（職種）　技術営業というのは、営業として掴んだクライアントのニーズを研究開発につなげたり、技術者として得た知識をクライアントへの提案に活かしたり、両方の視点を持てるのがこの職種の魅力と言える。お客さまと日々直接やりとりをすることで市場のニーズを知り、今後どのようなことがトレンドになるのかを先読むことで既存の枠にとらわれない斬新な製品の開発に寄与したいと思った。

（企業）　大学の説明会や選考を進んでいくなかで、社内見学や社員の方との懇談会の時間を持つことで、上下関係に厳しくなく、自由に自分がやりたいことをすることができる環境であると感じた。日々の業務改善のための対策を社内全体で共有することで部署と部署の距離感も近く感じることができるのも魅力だと感じた。

✎（コメント）

就職活動の途中にあるセミナーや社員の方々との懇談会が体験談として志望を裏付けるものになっていくことも良いことです。業界によって、特にBtoBのビジネスに関わる企業であれば、なかなか一般の学生にはつながりにくいといえますから。

半導体／広報宣伝

> ### 一見目立たないが日々の生活が少しずつ便利に 快適になる裏側に必ずある

（業界）　昔から家電量販店で最新のものを見るのが好きで、ガラケー時代は新機種が出るたびに詳細なスペックを比較した。納得いくまで調べたい探究心が強く、ガシェット（目新しいもの）への興味・関心は人一倍強かった。今までの電子機器だけでなく、自動車や産業用の設備、家そのものなどが電子化されていく時代になり、世界中での需要が一気に増えていく状況にある。一見目立たないが日々の生活が少しずつ便利に快適になる裏側に必ずあるという点に魅力を感じた。

（職種）　広報・宣伝の部署は会社のなかではお金を使っていく部門のためシビアな判断が必要。その代わりに、会社のお金というテコをつかって自分ではなしえないような大きなイベントや宣伝物を作り出す面白さがある。学生時代から、写真や映像などを記録に取ったりまとめたりするのが得意で、結婚式の撮影役なども頻繁に友人から頼まれた。そういったビジュアル制作はもともと好きで、広報・宣伝といった仕事に興味を持った。世の中に広く伝えることが業務の目的になるので、情報の整理やまとめる力を活かしたい。

（企業）　企業としての生産活動とは別に、文化・芸術事業への貢献や地域の文化施設への大規模支援など、日本でも有数の「文化的」取り組みをしている。「文化の進歩向上」がテーマになっている。美術館や映画館、舞台などの文化系のコンテンツが好きで、人を楽しませるという価値観と一致していると感じた。

✏️（コメント）

半導体はいろいろな電子機器に使われていて、半導体の性能が上がると利用する人の「生活が便利・快適」になるところに魅力があります。そして、「少しずつ」という点もまた特徴ではないでしょうか。

5-3

卸売業界（商社）

☑卸売業の魅力は？

　卸売業は「仕入れたものを販売する」というのがシンプルな定義です。売り先はメーカーから小売りまで幅広く、別の卸売会社なんてこともあります。メーカーは自分たちが作ったものしか売ることはできませんが、卸売会社(商社)はある意味、どんな商品でも扱えます。選択肢の多さが魅力の1つですね。

　どんな商材を扱っているかは、5-2節で紹介をした製造業の説明ページを見てください。基本的にはメーカーが作っているものすべてを扱う卸売会社(商社)があると考えていいでしょう。幅広い商材を扱う商社を「総合商社」と呼び、あるジャンルに特化した商材を扱う会社を「専門商社」と呼びます。

　基本的な仕組みとしては、売り先と仕入れ先の双方の間に立ってビジネスを行います。ビジネスの場面では、「お客様は神様」という言葉があるように、売り先を非常に大事にする傾向があります。しかしこの業界は、仕入れさせてもらえないと売るものが無いわけですから、売り先と仕入れ先の双方が非常に重要なクライアントだといえます。

　卸売業界は売り先・仕入れ先をうまくつなぎ合わせてビジネスチャンスを作り出す面白さがあります。人のつながりを活かして、ものや情報をつなげることに魅力を感じる方にはお勧めの業界ですね。

☑卸売と商社の違いは？

　就職サイトなどでもよく目にする「卸売」と「商社」。その違いは「物流機能を持っているかどうか(内包しているか)」が1つの考え方です。

　例えば、「輸送トラックを持ちドライバーを雇っている」「商品を保管しておく倉庫を持っている」などにコストを割いている会社は、「卸売業」を名乗る

ケースが多いようです。それに対して、物の売り買いといった、商流を作る・段取りをすることに注力している会社は、「商社」を名乗るケースが多いようです。商品を動かす際は、物流会社に依頼をして輸送の段取りを行います。

　ただ、これは一般的な解釈として浸透しているわけではないようです。物流機能を外部に頼っている卸売会社や、倉庫を自費で確保している商社も当然あります。「仕入れたものを販売する」というスタンスは基本的に同じですので、就活の段階ではあまり区別する必要はないように思います。

■図27：商社の基本的な仕組み

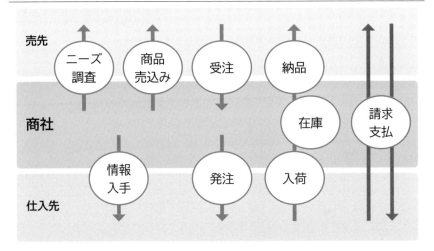

☑逆境に負けない商社！

　僕が就職活動を行っていた2002年には、「商社不要論」という考えがありました。商社が入るとメリットはありますが、同時にコストが増すというデメリットも生まれます。そこで、「コストカットのために商社を飛ばしたほうが……」という動きが生まれた時期があったのです。

　そこで商社は、存在価値を高めるために、海外で積極的に事業投資をして資源を確保したり、商品を企画してメーカーのような役割をしたりしました。商社にはとてもたくましい商魂があるといわれています。

☑ 売上高が高いのは「食」

　全業界の売上高1624兆円の中で、卸売業が占める金額は345兆円。食品・飲料が39.7兆円と最も大きく、農畜水産物の34.9兆円も足すと、食に関するものの売上が非常に多くなります。食べものが無いと生きてはいけませんから、それだけ需要があるということですね。

　次いで、電気機器などの商売も盛んで、石油といったエネルギーの売上高も高くなっています。総合商社の売上高は14.3兆円と一見少ないようにも見えますが、会社の数で見るとそうともいえません。卸売業界全体の企業数は約20万社ですが、総合商社の数は779社と非常に少ないのです。食品・飲料が約2万社あることを考えると、1社あたりの売上高の多さは群を抜いて高くなっています。さすがは総合商社という感じでしょうか。

☑ 輸出品・輸入品、最も多いのは？

　総合商社のみならず、多くの商社が輸出入の業務に携わっています。2018年、財務省の貿易統計において、輸出品目で金額が大きかったのは、自動車・半導体・自動車部品でした。輸入品目では、ガソリン・天然ガス・衣類となりました。

　海外での日本車のニーズは非常に高く、特に北米市場(アメリカ、カナダ)でたくさん販売しています。輸入品では資源が取れない日本ならではの2品目が来ています。そして、中国や東南アジアで作られた衣類がたくさん日本に運ばれてきていますよね。

　世界中の国々で日本のどんな商品・素材にニーズがあるのか、逆に世界中の商品・素材が日本でどんなニーズがあるのか。それを予測してビジネスをするのが商社の面白さといえます。広い視野と未来を予測する力(ビジネスセンス)が求められるのでしょうね。

■図28：卸売業界の売上高

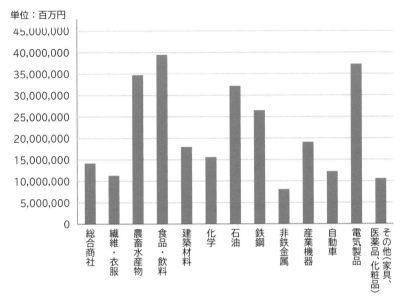

単位：百万円

平成28年経済センサス-活動調査より

■図29：2018年度 輸出入品目トップ5

輸出		輸入	
1位	自動車　12.2兆	1位	ガソリン　10.6兆
2位	半導体　4兆	2位	天然ガス　5.5兆
3位	自動車部品　3.9兆	3位	衣類　3.3兆
4位	鉄鋼　3.3兆	4位	金属鉱　3兆
5位	原動機　2.9兆	5位	携帯電話　3兆

財務省貿易統計より

5

3

卸売業界（商社）

☑専門商社(化学)の方が書いた志望動機ワークシート

	体験談	考え	思いつき
業界について	中学生の時、祖父をガンで亡くした経験をきっかけに大学、大学院にて先進医工学(陽子線治療)を学んでいた。研究を進める中で優れた技術でも金銭的、制度的な面で普及しない一面を知った。これらの経験を通じて世の中に新しい技術を広めて豊かな社会の一端を担いたいと考えた。	情報力を駆使し物事の組み合わせることにより新たなシナジーが生まれ、世の中に新たな価値を提供することができる。	大学の先輩が商社に就職し、話を聞く中で興味を持った。
職種について	理系で大学院にも進学したが、営業を志望した。その一番の理由は大学院で懸命に研究を行っている研究者と研究をする中で、懸命に研究をする人たちの姿と技術だけでは普及しないという現状を知っている自分がやらなければならないという気持ちが芽生えたからである。	技術的な営業を行うに当たって理系大学院卒はメリットになると考えた。	人と接することが好きだった
企業について	内定するまでに5分程度の軽い面談と最終面接しか受けませんでした。多くの会社がたくさんの選考プロセスを踏む中で、ちゃんと自分を見てくれているのかという不安もありましたが、自分を必要としてくれていることを感じ、また内定後複数の先輩社員とお話しさせて頂く中で、みなさん人情味あふれる方ばかりだったので直感で決めました。	技術専門商社をうたい、化学品専門商社ナンバー1であるということで、多彩な技術に携われる可能性があり、またグローバルなビジネスフィールドがあることが魅力と考えた。	商社の業界を調べる中で存在を知った

専門商社（化学）／営業

> ### 「情報力」がサービスの原点。
> ### それを駆使し、商品や技術の魅力を広める

（業界） 中学生の時、祖父をガンで亡くした経験をきっかけに大学・大学院にて先進医工学を学んだ。研究を進める中で優れた技術でも金銭的・制度的など色々な理由で普及しない一面を知った。世の中に新しい技術を広めて豊かな社会の一端を担いたいと考えた。商社は「情報力」がサービスの原点になる。それを駆使し情報を受け渡し、商品や技術の魅力を広めることで世の中に新たな価値を提供することができる。商社の販売網や協力会社のネットワークは非常に広く、まだまだ世に出ていない素晴らしい会社・技術・商材はたくさんある。それを広めることも使命といえる。

（職種） 理系で大学院にも進学した。大学院で懸命に活動する研究者と研究をする中で、研究に打ち込むだけでは技術は普及しないという現状を知った。そこで営業職になり、研究者たちの技術力を自分の言葉で広めたいと感じた。理系大学院卒であるため、技術的な知識はあるため、その知識を活かすことが強みになると思った。

（企業） 面接を経ていくなかで、自分を必要としてくれていることを感じ、また内定後複数の先輩社員とお話しさせていただく中で、人情味あふれる方ばかりだったので直感で決めた。「技術専門商社」をうたい、化学品専門商社ナンバー１であるということで、多彩な技術に携われる可能性があり、またグローバルなビジネスフィールドがあることが魅力と考えた。

✏ (コメント)

卸売業（商社）は製造業どうしの間に入って商品の流通を担います。その際に、商材だけの売り買いではなく、そこに必要な商品の情報を受け渡すこともまた重要な役割といえますね。

総合商社／財務・経理

企業と企業を結びつける接着剤のようなもの

（業界）　総合商社の役割は企業と企業を結びつける接着剤のようなもの。最初は商品の委託販売に関する依頼だったが、製造ラインの機械、社員の制服、ITシステム、金融支援と、企業の必要なものに接着していく。扱う商材や協力会社があらゆる分野にまたがっているため、1つの企業に対しての提案が無数に行える。それが契約を作り出す総合商社の力といえる。人気の無い文化系の部活動に、留学生を集めた。日本文化が学べることを訴求するため、英語のビラ・HPを作った。部に人が集まり、盛り上がった。必要なところに、必要なものを正しくつなげることができた。

（職種）　商社における財務・経理の仕事は、営業部の活動を正しく会計上表現することだ。というと、ドライなイメージを持つ人が多い。しかし、結局は対人の業務であり、良い影響を与える・人を動かす仕事と思っている。お金に関する適切なアドバイスをすることで、受けた側の行動が変わっていく。学生時代に司法書士事務所でアルバイトをしたことがあった。お金が関わることで、人の行動が変わるということを目の当たりにし、人の行動に影響を与える財務や経理という仕事について興味を持った。

（企業）　高齢化社会・人口減少時代に突入し、企業の競争力維持という観点から見ると、個々の構成員にとっての環境整備は重要だ。その点、○○社は他商社と比べてもかなり整備されている。時短の働き方改革も実施しており、その分自己研鑽に時間を使ったりすることができている。

✒(コメント)

「企業を結びつける接着剤」というのは、業界で働く人ならではの表現・言葉です。接着することで、ビジネスチャンスが生まれ、大きな利益につながります。

専門商社（化学薬品）／海外営業

知識と商品を組み合わせて新しい価値を生み出せる

（業界） 化学薬品は組み合わせの幅が広く、深く知ることで顧客への提案に深みが増す。知識と商品を組み合わせて顧客価値を高めたり、薬品の組み合わせによって顧客も気付かない全く別の商品を提案したりもできる。Aという商品が品薄になったが、化学式上では別のBとCという商品の組み合わせで代替できることに気づき、クライアントに提案したところ大きなビジネスになったという話を聞いた。大学では化学を専攻していて、4年生になってからは化学変化の基礎研究を行っていたが、製造の上流に知ることで応用の幅が広まった。化学薬品の広がりを体験し、この業界の魅力を感じた。

（職種） 海外でのボランティア活動や語学留学で、生活環境・文化・考え方が違う国の人とわかり合い、問題を解決することが楽しかった。新しい環境に飛び込むことに面白さを感じた学生生活だった。海外営業は全く知らない国に行くこともあり、そこで現地の人と人間関係を築かなければいけない。新しい環境に飛び込む力、そこで挑戦する力を持ち味に頑張りたいと思った。

（企業） 総合商社から化学薬品部門を切り離し、誕生した企業であることを経済ニュースで知った。総合商社で作られた強い販路が確立されていること、商権を持っていることなどの強みが魅力であると考えた。強いネットワークがあるからこそ、ビジネスシーンでチャレンジができると感じた。

✎（コメント）

メーカーは自社の商品しか売れませんが、商社はメーカー・商社から卸した商品ならなんでも売れることができます。商品の選択する幅が広いからこそ、その組み合わせによってもさらに広がりが生まれるんでしょうね。

5

3

卸売業界（商社）

専門商社(鉄鋼) ／営業

双方の希望を掴み取って橋渡し・調整をする

(業界)　売先・仕入先、両方と接点があり、両方のニーズを掴み取って、自社の利益を出すビジネスに魅力を感じた。特に難しいのは値段の交渉(「調整」ともいえる)。鉄鋼は特に売先・仕入先のメーカー双方が力を持っている大手企業が多いため、意見の対立が起きやすい。そこで商社が間に入って、適正な価格について理を説くことで、スムーズで適正な価格の商流が生まれる。双方の希望を掴み取って橋渡しをすることが求められる。子どものころから転校が多く、短い時間で仲良くなるために相手がどんなことを求めているのかを常に考える生活を送った。その経験が興味を引き起こすきっかけになった。

(職種)　鉄鋼の商品は息が長く、一度関係ができると同じ担当者と6〜8年単位で連携していくことになる。だからこそ、個人の仕事のやり方が大きく利益に反映することになるため、やりがいがあると感じる。担当する者同士の理解が深まることで、いろいろな提案をする余地が生まれると思う。大学時代の部活動でのマネージャーを経験したときに、試合の観覧者を増やすために、大学や会場の地元商店の交渉をして、イベントを企画した。自分の行動1つで結果が左右される仕事に魅力を感じた。

(企業)　色々な企業の面接を受ける際に、人に魅力を感じた。国内メーカーとの関係性が強く、地盤が強い。歴史の長い会社のため、そこで働く人たちが長い間引き継がれてきたノウハウ・伝統・心構えなどが「地盤」の1つと感じた。

✒(コメント)

商品やサービスの料金交渉って、本当に難しいものです……。これは1つの例で、価格交渉以外にも、きっといろいろな調整が必要なんでしょうね。「仲を取り持つ」のが役割といえます。

専門商社（電子部品）／貿易事務

新しい部材を見つけ出してきてビジネスにつなげる

（業界）　商社はメーカーから商品を仕入れて、乙仲（輸送の手配をする会社）を通し、中国など海外の企業に販売をしていく。一番の魅力はまだ誰にも知られていないような部材を見つけ出してきて、ビジネスにつなげていく面白さがあるところだ。日本中を回り、色々なところで行われている展示会などを回って探し求める。それを海外の企業に売り込むことで、自社にもメーカーにも利益をもたらす役割があるといえる。学生時代に中国の大連に留学をし、日本と中国をつなげるような仕事に興味を持った。

（職種）　貿易事務の仕事は、受注発注や納期調整など細かい数字の確認が主な仕事。商品の個数や、船に商品を積み込む日時など、少しでも間違ってしまうと損失につながる。そして、他の人と連携をして商品の船積みを手配したりする。自分だけのことを考えていては上手くいかない仕事だ。細かい確認・気配りが求められる。高校時代にバスケ部のマネージャーをしていて、顧問から気が利かないとよく叱られた……。細かい部分に気を回す、気を付ける習慣が身についた。

（企業）　〇〇社は中小企業のため、大手にはないスピード感の速さがある。大手の企業とやり取りをしていると、なかなか返答が来ないことがよくある。中国人を商売相手にしていると「今週すぐに欲しい」と言われたりするほど、時間への対応がシビアだ。スピード感のある企業だからこそ、他の国とのやりとりの中で強みを発揮していくと感じた。

（コメント）
メーカーは良い商品を作るノウハウはあるけど、それをビジネスにつなげたり、売り先を開拓するのは得意ではなかったりします。そこに存在価値を生み出すのが商社の役割ですね。

専門商社(エネルギー)／業務

人との繋がり・人との付き合いでビジネスが生まれる

（業界）些細なやり取りや、1つの小さな商売がきっかけで取引が始まる。卸売業は自分たちで商品を作っていないので「仕入れさせてもらってなんぼ」の商売。そのためには、人との繋がり・人との付き合いがなければ絶対にはじまらない。ゼミ活動で震災の際に鹿児島にいた。実家が福島ということを地元の方たちは自分のことのように心配してくれた。人との付き合い・つながりは大切だと感じた。人との付き合いで商売のきっかけが生まれる商社に興味を持った。

（職種）業務の仕事は、営業やクライアントに対して正確なデータ(売上や入金や在庫状況等)の提供を行う。そのためには商品やお金の流れが正しいかをチェックすることが大事だ。正確な在庫状況データの提供がなければ営業担当者は在庫状況がわからず商品を売れなかったり、今月いくら引落しするのか等お客様にも入金状況等の案内ができなかったりする。正しく、正確に把握する力が求められる。アパレルのアルバイトでは朝の3～4時に棚卸を行っていた。決算時などにおいて、在庫がいくらあるかにより会社の儲け(粗利益)が変わってしまうので重要なことだと知った。

（企業）商材の扱う幅の広い企業で働きたいと思った。様々なモノを取り扱っているため、お客様にあった商品の提案、他にも自分の担当外の商品でも担当者の紹介をすることができるからだ。合同説明会の際、担当者の説明にて「服と食べ物以外のモノはすべて取り扱いがある」との説明があり魅力を感じた。

🖊(コメント)

もちろんどの業界でも、人とのつながりはビジネスにとても大切ですが、商品を持たない商社・卸売業はなおさら、「人とつながりがあるからこそ」というのがありますね。

自動車ディーラー／営業

> ### 商品を作るすべての人・企業の仕事・利益を創っている

（業界） 車には約３万個の部品が付いている。自分が車を１台売れば、その３万個の部品を作る下請け会社の人たちの仕事・利益を創り出すことができる。車を売るのが仕事でもあり、メーカーに仕事を創るのも販売会社の役割といえる。大学で校舎の近くにある商店街のイベントや夏祭りや秋祭りの屋台のお手伝いをしていた。商店街の魅力を伝える自分の活動が起点になり、それがもとで商店街にお客が集まり、商店街が潤うという理想を追いかけた経験がつながっている。

（職種） 営業は「フットワークの軽さが」求められる仕事だ。お客様から「バッテリーあがった」「事故を起こした」とすぐに営業に電話がかかってくる。10回訪問するより、緊急の時に１回助けることで印象が変わるので、すぐに飛んでいくことが大切だ。学校新聞を作る講座で、震災から３年目のときに浦安市の市長にダメ元で取材を申し込んだら、受けいれてくれた。思い悩む前に、フットワークを軽くして、ダメもとで飛び込んでいくことが大切だと感じた。

（企業） ２歳の時から、〇〇販売店で買った車に乗っていて、親しみがあった。担当の営業の方は毎年カレンダーを直接持ってきてくれるが、〇〇社の車に乗っていない今でも訪問してくれる。定期的に顔を出してくれて、人柄の良い営業担当だったことに好感を持った。どんなお店から買うか、どんな人からかうか、それが違うだけで同じ車でも価値が変わると感じる。そんな販売店で働いてみたいと思った。

✒（コメント）

車のみならず、どんな商品でも多数の企業や人が関わっています。それを販売することて、作っている人たちの仕事を創ったり、利益を行き渡らせたりする、という視点があります。

5-4

小売業界

■図30：小売業の紹介

百貨店

コンビニエンスストア

ショッピングモール

家電量販店

衣類量販店

家具・ホームセンター

自動車・バイク

ガソリンスタンド

カー用品店

スーパーマーケット

ドラッグストア

書店

百円均一・ディスカウントショップ

玩具店

写真：Wikipediaより

5

4

小売業界

☑小売業の特徴は？

小売業は「仕入れた商品を、形を変えずに、最終消費者に販売する」のが定義と言えます。

店舗が商品を仕入れる（購入する）と、売れ残ればもちろん赤字になります。その債を背負うのは店舗なので、どんな商品のニーズがあって、どんな商品が売れているのかを常に考えながら魅力的なお店を作る（棚を作る、ディスプレイを作る）ことが一番の頑張りどころです。

消費者に近いからこそ、そのニーズを考えることもできます。自分で考えて魅力的なお店作りがしたい、場所・空間を考えて作りたいという人にはお勧めの業界です。

また、小売業には販売する商品を身近に感じられるという側面もあります。メーカーや商社であれば、製品や工場から離れたところで、言葉や文字による商売になるので、商品を身近に感じられないと思う人もいると聞きます。小売店は店舗に必ず商品が置いてありますから、売っているものに対する自信や責任感を持つことができます。

☑ものを買ってもらう工夫が盛だくさん

例えば、コンビニエンスストアを例にとってみましょう。売上高の高い商品と言えばお弁当・おにぎりと飲み物です。この2種類の商品はお店のどこに置いていますか？

だいたいの店舗では、飲み物は入口から一番奥に、お弁当・おにぎりはレジの前を通った向かいの奥にあります。飲み物コーナーを経て、お弁当・おにぎりコーナーを通り、レジに行く。その動線を通る途中、さまざまな商品が目に入り、ついつい買ってしまったなんて経験がある人も多いのではないでしょうか。

それぞれのジャンルによって、もちろんお店作りの特徴や面白さは変わってきます。できるだけお店に足を運んで店舗を見て回ってください。そして、チャンスがあれば店員さんに質問してみてください。

■図31：小売業の売上高

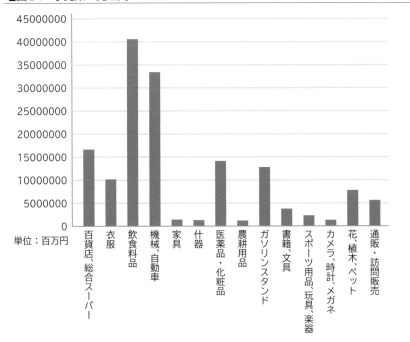

単位：百万円

平成28年経済センサス-活動調査より

☑ 小売業も売上高が高いのは「食」

　小売業の売上高は155兆円と、全業界の売上高1624兆円の1割近くを占めています。製造業、卸売業、サービス業につぐ規模です。

　卸売業と同じく、やはり「食」に関するジャンルの売上高が高くなっていますね。そして、家電製品などの機械や、自動車などの小売販売なども負けずに頑張っています。

　百貨店は苦戦しているとよくいわれますが、他のジャンルの売上高に対して企業数が約800と非常に少ないですから、総合商社と同じように1社あたりの売上高の比率でいうと非常に高いといえます。

☑ 百貨店業界の方が書いたワークシート

	体験談	考え	思いつき
業界について	幼い頃によく母に連れられて百貨店に行っていた経験からそのように感じるようになりました。また催しなどをみると、今までみたことのないものや文化をたくさん知ることができ、純粋にワクワクすることも多かったです。	百貨店は、おしゃれなものが集まる"キラキラしている場所"、また多くの催しが開かれる"楽しい刺激のある場所"というイメージ・魅力を感じていました。百貨店が提供するサービスは、「生活を豊かにする事や暮らし方の提案」だと考えています。百貨店で販売している物の多くは、「生活必需品」ではありませんが、身に着けたり生活に取り入れる事で、気分が上がったり、暮らしぶりに変化がでたり、話題が生まれたりすると思います。	おしゃれなものが集まる"キラキラしている場所"がいい
職種について	企画の仕事をしたいと思うようになったのは、学生時代のゼミや就職活動サークルでの活動がもとになっています。自分で考え、集客策を練り、イベントを運営するという一連の流れを経験し、自分がイベントに携わることでワクワクするということを初めて知りました。	百貨店の中でも、季節ごとのキャンペーン（クリスマスやバレンタインなど）の企画・宣伝をしています。何もないところから企画を作るので、自分でリサーチし、企画を組み立て、関連部署へプレゼンし、引っ張っていくことが必要です。新しいこと・面白いことに敏感になり、ワクワクする気持ち、それを企画につなげる実力・行動力が必要となります。特に「実行力」が大切です。自分が最後まで企画を着地させるには、自分の中のコンセプト作りや信念（全体この企画は面白いんだ！という気持ち）を強く持ちやり遂げる実行力が必要かと思います。	企画や宣伝の仕事をやってみたい
企業について	経験というよりは、性格の部分が多いように思います。自分の得手不得手がはっきりしていて、「楽しいことを考えるのが好き」「人と接するのが好き」でも「システムや堅いことは苦手」。なので百貨店、ホテル、旅行など接客の多い業界を選んでいました。	就職活動をする際に、「すでに自分が知っている会社」に絞ろうと思っていました。「就職活動をする中で初めて知った会社」で決めるのは怖い気持ちがありました。そんな気持ちが漠然とあったので、結果としてBtoBの会社は受けていなくて、BtoCで自分が関わったことのある会社、百貨店やホテル、旅行会社など"お客様が見える"業界・職種ばかりをうけていました。その中でも、楽しいことが企画できそうな会社かどうかと、社員の人の人柄という視点で絞りました。	よく行ったことがあり、なじみがあった

百貨店／企画・宣伝

「キラキラしている場所」「楽しい刺激のある場所」を作る

（業界） 百貨店は、おしゃれなものが集まる"キラキラしている場所"、また多くの催しが開かれる"楽しい刺激のある場所"。幼い頃によく母と百貨店に行った経験から感じるようになった。百貨店が提供するサービスは「生活を豊かにすることや暮らし方方の提案」だ。多くは、「生活必需品」ではないが、身に着けたり生活に取り入れることで、気分が上がったり、暮らしぶりに変化がでたり、話題が生まれたりする力を持っている。

（職種） 企画・宣伝の仕事は、季節ごとのキャンペーン（クリスマスやバレンタインなど）などに関わるため、新しいこと・面白いことに敏感になり、ワクワクする気持ちがいる。そしてなにより、企画につなげる「実行力」が特に求められる。最後まで企画を着地させるには、コンセプト作りに信念（絶対に面白いんだ！　という気持ち）を強く持ち、やり遂げる実行力が必要だ。ゼミや就職活動サークルで企画を考え、集客策を練り、イベントを運営するという一連の流れを経験した。ワクワクする経験が生きている。

（企業） すでに知っている会社に絞ろうと思った。「この会社で自分が何をしたいか」のイメージがわきやすいからだ。就職してからどう生きていくのか、仕事をしていくのかが大切で、長く働き続けられるのではないかと思う。そんな気持ちが漠然とあったので、BtoCで自分が関わったことのある会社、百貨店やホテル、旅行会社などを受けていた。その中でも、楽しいことが企画できそうで、社員の人の人柄良いとセミナーや面接の中で感じた。

🖊（コメント）

「キラキラしている場所」という表現は、まさに百貨店ならではの魅力です。そういった刺激を創るのが役割と言えます。

5

4

小売業界

スーパーマーケット／販売

毎日の買い物の楽しさを提供する

（業界）　大学3年生から1人暮らしを始め、「毎日の買い物の楽しさ」を知り、提供していく立場になりたいと思い始めた。スーパーマーケットは同じ地域のライバル店との競争が激しいので、いかに他社と差別化し、常連客を作ることができるのか、試行錯誤していく楽しさがある。代り映えしない、いつも同じ風景しかないお店作りをしていると、あっという間に飽きられてしまう。差別化された、個性的な店を作ることで、毎日訪れる楽しみを感じてもらえる。

（職種）　販売員として、常連客を作るために相手の立場に立って考えることが求められる。要望や疑問などに細かな対応をすることで、顧客満足度が高まっていく。お客様アンケートなど、意見に触れることは店舗にいると割とできるため、それをお店作りにどう反映するか、担当する売り場作りにどう反映するか、腕の見せ所である。大学のオープンキャンパスで、高校生の悩みや疑問に対応した。相手の立場にたって考え、積極的に行動していく力を活かす仕事がしたいと考えるようになった。

（企業）　お客様の立場を常に考える会社の方針や、地域に密着した多様な取り組みに将来性があると考えた。地元の通い慣れた店舗が、独自の取り組みとして家族向けの個性的なイベントを行っていて、多くの家族連れが喜んでいる様子に可能性を感じた。

✎（コメント）

スーパーマーケットは一番生活・地域に密着した小売店と言えるかもしれません。毎日の買い物を楽しめる店舗なら、足を運びそうですね。そのためには、ライバル店と差別化した個性が無いとだめなんでしょうね。

コンビニエンスストア／スーパーバイザー

「○○があって当たり前」を作っていく

（業界） 近くにあって当たり前、24時間開いていて当たり前、おにぎりがあって当たり前。「当たり前を作っていく業界」といえる。一方、災害の時にはその当たり前を何とかして維持し、お客様（被災者）を支えていくこともできる魅力がある。熊本地震の際、被災者の方や自衛隊の方までもがたくさん来店してくださった。皆さん笑顔で帰って行かれたように感じる。その時、自分のしている仕事に心から誇りを持つようになった。

（職種） スーパーバイザーは、加盟店のオーナーさんの売上をどのように上げるかを考え、提案してくことが第一の仕事。データや情報収集から問題点を把握し、適切な解決策を考える。しかしオーナーさんに納得し行動してもらわなければ意味がない。そのために、説得材料の収集や話し方を試行錯誤していくことにやりがいを感じる。以前、オーナーさんに新しい施策を提案したが、まったく理解いただけなかった。ほかに困っているこがあるのではないかと考え、それに対し一緒に対処していき再度提案すると納得・実施いただけた。

（企業） ○○社は定番化した商品でも何度もリニューアルするほど、検証と改善を行ってきた。より良いものを目指してPDCAを回してく社風が魅力と感じた。週1回行われる会議では、試行錯誤し成功した事例の発表が行われている。

✒(コメント)

「当たり前」って本当に重みのある言葉ですね。それを長い間積み重ねてユーザーを獲得しているんでしょう。スーパーバイザーは消費者、加盟店のオーナー、本部といろいろな方向を見て仕事をしなければならず、とても難しい立場と言えるかもしれませんね。

衣料量販店／販売

楽しい空間を作ることで「欲しものを見つけた！」を生み出す

（業界） 衣食住といった身近に感じられるものを扱う業界を志望していた。衣類を扱う小売業は8～9割が季節の変化・影響を受ける商品を多く扱っているため、売り場の作り方・商品の見せ方・展開の変化が大きく、お客様への提案の面白さを感じた。「何となく」お店を訪れた方に「欲しいものを見つけた」お客様に変えることができる魅力があると思った。学生時代にいろいろな地域のお祭りに呼ばれて、よさこいソーランを踊るサークルに入っていた。何となくお祭りに来た人に楽しんでもらえることに喜びを感じた。「楽しい空間を作る」ことに力を注いだ。

（職種） 店舗での責任者としてお店のスタッフを巻込みリーダーシップを発揮することが重要だ。業務能力やコミュニケーションも大事だが、自分のやりたいことのために上司やベテランスタッフとぶつかることのできる「意思の強さ」が日必要不可欠だと思う。10人弱のサークル運営メンバーで「やりたいこと」がバラバラななか、意思決定していくことの大切さを知った。根拠を考え抜き、周りを説得し、同じ方向を向くことに力を注いだ。

（企業） グローバルに展開する企業規模があり、活躍できるフィールドの天井が高いことに魅力を感じた。新聞や雑誌などでグローバル展開に関する記事を読み、選考やOB訪問の中で、成長を期待できること、社員一人ひとりが「○○社」という会社や服に対するこだわりを持っていることを知ることができた。

🖊️（コメント）

小売業の一番の特徴は「お店作り」です。アパレルは特に季節の影響を受ける商品の割合が多いので、バリエーション豊かなお店作りができます。それがそのまま、お客様へのプラスになります。

日用品・家具／店舗運営・販売

「常にモノが買える」というインフラを作る

（業界）「常にモノが買える」というインフラを作るのが小売店の役割といえる。継続的に、安定的に、どんなときでもモノが消費者の手に届けることができるからこそ、生活・社会・経済の発展を生み出すことができる。東日本大震災が起きたとき、物が手に入らず、生活をもとに戻すことができない家庭が多かった。当たり前の日常生活を取り戻すのに小売業が大きく役立った。

（職種）店舗運営の仕事はオペレーションの作業を溜めずに、ゼロにするように指示を出していく。お店の売上を上げるためにプラスアルファの作業をする時間を作りださないといけないが、そのために必ずやらなければならない伝票処理や出荷作業といった作業をどれだけ効率よく、効果的にするかが重要になる。半年後、一年後に向けての取り組みができず、売り上げが下がっていってしまう。人にどう動いてもらうか「マネジメント」が大切。学生時代のサークルの経験から、人と協力をする、人に動いてもらう大切さを知った。人をうまく動かすことで、大きな力を生み出すことを学んだ。

（企業）本業に真っ直ぐに取り組もうという社風が魅力的だと感じた。会社でプールしている内部留保を活用した資産運用などで利益をあげる企業が多い中、一切そういうことはせずに純粋に本業だけで業績を上げているという話を会社セミナー聞いた。経済ニュースでも同じ話を聞き、そこに魅力を感じた。

🖊（コメント）

「物を買う」という行為は普段当たり前のように思いますが、小売業があるからその当たり前を行えます。地震や大雨・洪水など、災害が起きてライフラインが止まったときに、あらためてそのありがたさを感じることができます。

家電専門店／販売職

新しい生活をイメージさせ、夢を膨らませる

（業界）　家電製品は「見ているだけで楽しい」と心躍らせるもの。あれを置きたい、これを置きたい、そんな夢を膨らませることができる。新しい商品が出ると、新機能を持っていることが多く、確実に何かしら生活を良くしてくれるところも魅力だ。多くの人は人生の変化のタイミングに家電製品を買いに行くことが多い。就職、結婚、転居などなど。自分も就職をするときに新しく一人暮らしをする際に、家電を買い揃えに行った。店頭に並ぶ家電を見て、新しい生活をイメージして、ワクワクした気持ちを覚えている。

（職種）　人にものを教える、伝えることに意義を感じている。家電製品は高額なものが多く、決まりきった説明ではなかなか買ってもらえない。実際にお客様は「検討中」と答える方が多く、悩んでいる。「気がついたら買っていた……」というところにたどり着けるとベストだ。大学生のころ演劇活動をやっていて、他の人にアドバイスをよくしていた習慣が活かされていると感じる。

（企業）　一生に一度の商品を売ってみたい、高単価製品を売ることがしたい、そんなキャリアを積みたいと考えていた。誰でも売れるのではなく「自分でしか売れない」という世界でチャレンジをしたいと思った。前職は家具・生活雑貨を扱う会社で働いていた。あるとき家具関連で50万の見積りを作ったときにやりがいを感じた。満足度が高いから金額も高くなる。支払う価値を感じてもらえたことに喜びを感じた。

🖊（コメント）
生活環境が変わると、家電の買い替えをよくした記憶があります。家族の人数が増えると、今までの物では対応できず、グレードアップをすることも。家電の向こう側に、新しい生活をイメージしたのを思い出しました。

コンタクトレンズ／接客販売

人の生活の一部(体の一部)になる物を扱う・生活を支えることができる

(業界)　人の生活の一部(体の一部)になる物を取り扱うことができる・生活を支えることができることが魅力。コンタクトレンズは視力の悪い人にとっては日常生活に欠かせないもの。もし必要としている人が使えない状態にあると、日常生活に支障が生まれる。会社に行ったり、仕事をしたり、当たり前の生活が送れなくなる可能性がある。視力が悪い人にとって、当たり前の生活を支える力がある。自分自身も子供のころからかなり目が悪く、つらい生活を送ってきた。同じように目が悪い方を支えることをしたいと思った。

(職種)　良くも悪くもお客様の意見を直接拝聴できる機会が多いことがこの職種(お褒めの言葉はやりがいにつながり、ご意見は今後の反省に活かせる)。また、ご要望をご利用者本人に直接伺うことができるため、より一層寄り添ったご提案ができる。大学時代、オープンキャンパスの手伝いをした際、自分の経験や、当大学のオススメ点を高校生に話しながら案内することに面白さを感じた。相手の顔を見ながら、直接コミュニケーションの取れる接客販売の仕事をしたいと思った。

(企業)　人を重要視している社風に惹かれた。就活生自体が今後の顧客になる可能性があるにもかかわらず、人(就活生)をないがしろにしている企業は自分自身の価値観にそぐわないと考えていた。採用選考の中でのメールのやり取りや、面接官の態度など、どの企業よりも就活生個人をよく見ているのではと感じ第一志望になった。

✏️(コメント)

小売店はいろいろ扱うものがあり、なかでも体の一部になる必需品を扱うことで生まれる責任感や重みがあります。

5-5

IT・通信業界

☑ IT業界と通信業界で47.8兆円

　日本標準産業分類では、「情報通信業」は、IT・通信業界とマスコミ業界が合わさって構成されています。マスコミ業界は次の節で紹介をしますので、ここではIT業界と通信業界を紹介します。

☑ 通信業界

　自宅や職場にある固定電話をになう「固定電気通信業」と、携帯電話・スマートフォンやポケットwifiなどの通信を担う「移動電気通信業」に分けられます。あわせて18.3兆円の規模になります。

☑ IT業界

①ソフトウェア業

　IT業界の売上の大半は、この「ソフトウェア業」が生み出しています。全体で28.7兆円ある売上高の約8割を占めています。IT業界におけるBtoBといえますので、想像がつかない方が多いのではないでしょうか。

　形のある機械・設備をハードウェアと呼ぶのに対し、PC上で計算や処理などを行うシステム・プログラムをソフトウェアと呼びます。企業の依頼に合わせてカスタマイズされたシステムを作り上げることを受託開発ソフトウェアといいます。受注管理や在庫管理など、システムの種類はさまざまです。

②情報処理・提供サービス業

　データ入力や電子計算機などを用いた計算業務などを代行することを「情報処理サービス業」といいます。インターネットを通じたマーケティングやアンケート調査のデータ化、天気・不動産・交通情報などの提供を行う「情報提供サービス業」があります。情報を処理するサービスと、情報を提供する

サービスに分かれます。

③インターネット附随サービス業

　IT業界と聞いて誰もがイメージするのがこの「インターネット附随サービス業」で、Webサイトやサーバーの運営を行っています。ECサイトや動画サイトなどを運営したり、アプリを使って音楽・映像などを配信したりします。他には、インターネットセキュリティやネット上での課金・決済サービスなどを行う企業などもあります。

■図32：IT・通信業界の売上高

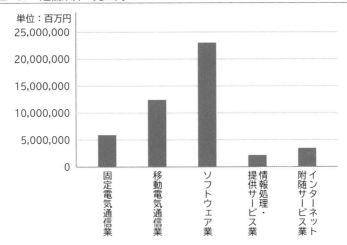

平成28年経済センサス-活動調査より

☑ new technology × 論理性

　IT業界はあらゆる業界の中で、「革新」という言葉が最も当てはまります。毎年新しい技術が誕生し、働く人たちも常にアップデートを求められます。そして、そういった技術をどう用いてソリューション（解決策）を提案できるかが大切になります。

　AIやビッグデータなど話題を集めた技術がありますが、それらを企業の活動にどうつなげるのか。そこには論理的なアプローチが必要になります。何となく活用できるというものはなく、しっかりと論理的に考えて導入されているんです。新しい変化が好きで、論理的に物事を解決したい人にはお勧めの業界です。

☑ 通信業界の方が書いた志望動機ワークシート

	体験談	考え	思いつき
業界について	大学で通信・メディアに関するゼミに入っており、移動通信体などが今後の世の中に与える影響に対しての関心は持っていた。	通信が止まると、お客さまのライフラインがストップしてしまう。それだけ社会に対する影響が大きい。24時間365日、つながるネットワークを絶えず守っていくことは使命。一方で、技術革新のスピードが速く、常に新しい価値を社会に提供していかなければならない。	通信は社会に対する影響が大きい。目に見えない、形がないサービスを提供することは自由度が大きそうと思った。
職種について	コンサルティング業界にも少し関心があったが、お客さまとの関係性構築をしたいと思っていた。コーヒーショップでのアルバイトの経験から、もっと人と深く関わる仕事をしてみたいと思ったのがきっかけ。	法人のお客さまには、安定したネットワークの提供と、利便性、コストメリットのすべてが求められる。経営に対するインパクトも大きいため、お客さまとの関係性の構築を通じて、その企業の方向性に沿った提案、支援ができるのが魅力。	営業で自分の力で結果を出したい。お客さまに評価されたい。メリットのあるサービスを提供したい。
企業について	先輩が何人か行っていた。パンフレットで見て、イキイキ働いていそうな女性社員を見て、良さそうだなと思った。	事業領域が幅広いため、自分から動くことで、提案ができるし、裁量をもった仕事の仕方ができる。	幅広い事業、サービスがあるので、よりやりたいことができそう。

通信／営業

> ### 24時間365日、つながるネットワークを絶えず守っていく

（業界） 通信が止まると、お客様のライフラインがストップしてしまう。PC環境、社内システム、携帯電話の連絡手段など。そして、1つの企業での話だけではなく、エネルギー・水道・交通・病院など、人の生命に関わる施設などもインターネット環境が無いと成り立たない社会になっているといっても過言ではない。それだけ社会に対する影響が大きいといえる。24時間365日、つながるネットワークを絶えず守っていくことが使命といえる。大学で通信・メディアに関するゼミに入っており、移動通信体などが今後の世の中に与える影響に対しての関心を持っていたことがきっかけになった。

（職種） 法人のお客さまは安定したネットワークの提供、利便性、コスト・メリットのすべてが求められる。通信環境の充実は経営に対するインパクトも大きいため、お客様との関係性の構築を通じて、その企業の方向性に沿った提案・支援ができるのが営業の魅力だと思う。コンサルティング業界にも少し関心があったが、お客様との関係性構築をしたいと思っていた。コーヒーショップでのアルバイトの経験から、もっと人と深く関わる仕事をしてみたいと思ったのがきっかけだった。

（企業） 事業領域が幅広いため、自分から動くことで色々な提案ができるし、裁量をもった仕事の仕方ができると感じた。ゼミの先輩が何人か入社していて、興味を持った。パンフレットで見て、イキイキ働いていそうな女性社員を見て、将来の自分を想像できた。

🖊（コメント）

ネットワークがないと、成り立たない社会になりました。インフラ系の生活に重要な施設のみならず、ひとりひとりの生活もネットワークが欠かせませんね。

通信／サービス企画

「もっと豊かで便利な世の中」に貢献できる

（業界）「スマホサービス≒新しい当たり前の提供」。ネット接続やカメラ掲載・地図検索、最近では音楽や映画の鑑賞・ヘルスケアデータ管理など、20年前は誰も想像もしていなかったことをスマホ上で実現してきている。「もっと豊かで便利な世の中」に貢献できることが魅力。高校生のころ、両親に買ってもらったモノの中で一番思い出深く嬉しかったのが「ケータイ」だった。形は変わり、できることは比較にならないほど増えた。その変貌を肌で体感しいているからこそ、可能性を感じた。

（職種）サービス企画職の役割は、通信事業だけのインフラ企業にとどめない付加価値を付け加えること。通信事業者のサービス開発の競合他社は世界のOTTプレイヤー。この競争に負けると通信を接続するだけの土管屋となるため、新しいサービス開発は10数年後の会社の姿を形作る非常に重要な職種で、より良いものにしていく興味や好奇心が重要になる。海外のマイナースポーツを幼少期より海外チャンネルで視聴していた。好きなものを調べる・追いかけることが好きで、興味の広がりや好奇心が企画職につながると考えた。

（企業）大手通信企業の中で唯一、他企業との協業を掲げ、仕事の可能性の幅が広いと感じた。可能性の幅が広い企業で働きたいという価値観を持っていた。料理教室や大手CDショップなど通信企業とは一見関係のなさそうな企業とタッグを組み展開している事業が多くあることを経済雑誌やニュースで知った。

✎（コメント）

月並みな言葉かもしれませんが、「便利」という言葉は本当に携帯電話・通信サービスを表していますね。ちょっとスマホを家に忘れて出かけてしまうと、あっという間に不便な感覚に襲われてしまいます。

通信／社内SE

情報の発信の質・量を増やしている

（業界）　企業の情報発信を裏で支えるのが通信インフラの役割といえる。SNSや動画サイトが発達し、かつてテキストだけのHPや情報発信だけしかできなかった時代から大きな発展をとげた。しかしそれは、高速通信が安定しているからこそであって、情報の発信の質・量を増やすことができたからだ。大学ではプログラミングの学問を専攻しており、通信分野に興味があった。様々なシステムには、その機能を支えるプログラミングがあることを学んだ。

（職種）　社内SEとして、社内システムの統合を担当している。100近くあるシステムのそれぞれの担当者とコミュニケーションを図っていく仕事のなかで、「未来を意識させる」ことが大切だと感じた。システムそれぞれに大きなテーマはあるが、同じ方向を向くことで、企業の生み出す利益をより大きなものにできると考えた。スポーツ系のサークルにいるときに、メンバー全員に同じ方向に向かせることに力を注いだ。バラバラな方向を見ていると、団体競技においてパフォーマンスが発揮されなかった。

（企業）　これからの時代、企業の売りは一点突破型ではなく、持っているリソースを応用的に考えて、新しい領域でのビジネスを展開することが求められる。今までの長い歴史がある○○社だからこそ、全国各地の拠点といったリソースがあり、それらを活かして時代に合わせた新領域のビジネスに踏み出せる魅力があると感じた。複数の分野の技術や知見を組合せる「総合政策」という学問のなかで、社会の困りごとを解決するということとを学んだ。

✎（コメント）

情報の発信というのは、企業にとって本当に重要な時代になりました（個人にとっても）。それを支えるのは通信業界ならでは魅力です。

ITコンサルティング／コンサルタント

熟練者しかできない処理を、新人が同じような処理ができるようにする

（業界）　時間のかかっていた作業をIT技術により簡単に時間短縮することができる。人工知能は人が頭の中で考えているプロセスをPCが行い、人の生活を180度変化させる。例えば、熟練者しかできない処理が、新人が人工知能を使うと同じような処理ができるようになる。大学院を卒業後、ケニアで半年間貧困な生活する子どもたちのために小学校建設に取り組んでいた。建物を建設することで子どもたちの学習する環境を確保し、勉強ができる環境を提供した。人の生活をより良くすることに喜びを感じた。

（職種）　コンサルタントは「整理屋」。お客さんがやりたいこと、困っていることをわかりやすく伝え、気付かせることが得意な集団。そのため、理論的に問題を考え、伝えるための資料を作り、プロフェッショナルとして見た目まで気をつかう。大学3回生のときに月に1回、他ゼミ・他大学とディベート大会を行っていた。ディベートでは、聞き手側を説得させるために、テーマの問題を考え、整理した経験がある。問題を考え、課題を見つけ、相手を納得させることが好きであることに気づいた。

（企業）　○○社はとにかく最先端（業界をリード）を目標にしている。AI、ブロックチェーン、IoTなど最先端のテクノロジーを活用しているところに勢いを感じた。昨年から社員のスキルを可視化するツールを若手社員で考案し、実現に向けて活動している。自主的な活動を応援・評価する社風がある。

✐（コメント）

かつて経験豊富な人たちが、時間のかかる地道な経費の精算や入力作業なんかを背負って組織を支えてくれていた時期があったんですね。それ誰もができるようにしたのはITの力です。

IT系シンクタンク／SE

> **便利で効率的になった結果、**
> **有限な資産である「時間」を創出できる**

（業界）　ITで世の中が便利で効率的になった結果、人々の有限な資産である「時間」を創出できることが魅力的だと考える。創出した時間を使って、人々がよりクリエイティブな仕事に打ち込むことや、家族とかけがえのない時間を過ごすことを実現できる業界だと思う。大学院生時代に、教授向けに研究の作業効率化をできるツールをプログラミングで作って提供した。教授の時間を創出することで大変喜んでもらえた経験になった。IT業界で働きたいと考えるようになった。

（職種）　社会インフラと呼べるシステム構築に携わることが多い職種だ。設計・開発・テスト、どの工程に対しても漏れなく完璧にやり切ることが求められる。作業の全体工程を見るだけではなく、細かいプログラムまでミスなく目を配ることが求められる。システム構築を完璧に行うために、その現場では「メールなどの返信の早さ」「連絡の細やかさ」といった自分のマメな性格を活かして、進捗や品質などのプロジェクトの管理業務を行うことで円滑に進めなければならない。

（企業）　若手の時から責任ある仕事を任せてもらえて、チャレンジができる環境であると就活当時に感じていた。そのため、優秀な社員が多いんだと思っていた。OB訪問の際に「2年目からすぐにクライアントと直接やり取りを行い、プロジェクトを推進する立場を経験することができたので、成長スピードは早かった」という話を聞いて、自分の求める環境があると思った。

（コメント）

昔は手作業で行っていたデータの入力・整理が、システムを作ることで、アッという間にできあがる世の中になりました。ただ大切なことは、効率化されたことで、クリエイティブな仕事やプライベートに時間を充てられるというところです。

システムインテグレーター(メーカー系)／プロジェクトマネージャー(SE)

実証実験を行いながら膨大なデータをもとに 客観的な問題解決ができる

(業界)　社会インフラとなるような大規模なシステムを構築できる。先進的なITシステムは実証実験を行いながら膨大なデータをもとに企画・構築されることが多く、客観的な視点からも本当に有効な改善ができる。大学の研究でスマートフォンのアプリを開発した。それを使うことで麻雀という複雑なゲームがわかりやすく楽しめるようになった。良いアプリを作るためにデータを集め、本当に有益な機能を実装できた。

(職種)　プロジェクトマネージャーとして最も必要なことは「人を動かす能力」。社内・外の各関係者に最適に動いてもらうことでプロジェクトを成功できる。例えば、品質保証部は不具合を出さないこと、協力会社は工数がかさみ赤字を出さないことが最優先事項となる。すると無難な開発になり、お客様の求めるものは作れない。最適なシステムができるよう調整しながら動いてもらう必要がある。大学では研究室の後輩集めに力を入れた。メンバーに構想を伝えて、一人ひとりと頻繁に会話をして共有していった。希望者数上位の研究室となった。

(企業)　アプリの開発に際し、使い手の利便性を実現したくても、スマートフォンの機能の制約上実現できなかった機能もあった。ハードウェア自体の開発も合わせてできると本当に有用なシステムができると感じた。メーカー系なため、ハードウェアとソフトウェアを垂直統合で開発することができる強みがこの企業にはあると感じた。

🖊(コメント)

企業が作っているシステムがいろいろな場所で使われることで、客観的なデータが多く集まります。それを使って、また別のサービスが作れるのも魅力です。

システムインテグレーター(医療系)／システムエンジニア

人手不足という大きな問題を解消するために IT・通信技術がある

(業界) 医師も看護師も現状では人手不足にも関わらず、これから少子高齢化を避けられないから、ますます問題が深刻化していくと言われている。これをITの力・技術を使ってどうにかできないかと思った。人手不足という大きな問題を解消するために、IT・通信技術という広がり続ける可能性に魅力を感じた。当時親しくしていた看護師の友人から「みんなが疲れきって、ナースコールにもう反応できないくらい……」という現場のリアルな悩みを聞き、何かを変えなければならないと考えた。

(職種) システムエンジニアに求められるスキルとして、お客さんと話すコミュニケーションスキル、考えたことをカタチにする実装スキルの2つが大きいと考え、「話すこと」と「作ること」が好きな自分にぴったりかもしれないと思った。飲食店でアルバイトをしている際にふと「調理をすること(＝ものを作ること)、お客様に提供すること(＝お客様と話すこと)は、どちらも好きだから一方を選べない。ならばどちらもできる職種を探そう」と考えた。

(企業) 医療業界No.1シェアのパッケージソフトウェアを持つ〇〇社の医療向けシステムエンジニアであれば、自分がやりたい「医師不足、看護師不足の解消」へアプローチできるのではないかと考えた。インターンシップにて2週間、現場で働かせてもらい、就業のイメージを作ることができた。

✏(コメント)

ITやシステムはあくまでも手段であって、どんな目的を自分で持つかが大切になります。この方は「医療の人手不足を解消したい」という、かなり具体的な目的を持って手段を使おうという訴求点がとても素晴らしいですね。どんな目的を持って、それを具体的に訴求できるかがポイントです。

ソフトウェア／システムエンジニア

> ## 難解な作業やリアルでは
> ## 実現できないシミュレーションができる

（業界）ITは難しい作業を簡単にすることができる。人間の手ではできない実験などシステムを使うことで簡単に行うことができる。大学・大学院と機械工学を専攻し、人工心臓の研究をしていた。人間の心臓を使うことなでできるわけがなく、高度なシミュレーションを行うことができたのは、システムがあったからと言える。PC・システムがあるから実験が効率よく行えたことにIT業界に魅力を感じた。

（職種）生粋の理系人間で、何事も仕組み・構造・原理が理解できないと気が済まない性格であった。顧客の要件をまとめ、システムを作り上げるのがシステムエンジニアの仕事だが、売り物にするIT技術をしっかりと自分自身で理解したいと感じ、システムの裏側を把握するシステムエンジニアの仕事をしてみたいと思った。全体をしっかりと理解・把握すること技術が身につき、たとえ将来になにかあって個人事業主になったとしても仕事ができる可能性があると思った。

（企業）学生時代から学業やアルバイトより、家族や友人など大切な人と過ごす時間を大切にしてきた。仕事だけの日々を送るのではなくライフワークバランスを大切にしたいという価値観を持っていた。○○社は全国に約30拠点あり、フレックス・時短・在宅など家族とのライフイベントに合わせ勤務地や勤務時間を柔軟に変更することができると聞きき魅力を感じた。

✎（コメント）

ITやPCが作り出す仮想空間があるからこそ、高度な研究なども可能にしています。手作業やアナログの作業では当然限界があり、進歩に限りが生まれてしまいます。それを可能にする力があるといえます。

ソフトウェア／プログラマー

> **作業をする上での人為ミスを
> システムのチェックによって減らすことができる**

（業界） ＩＴシステムを使うことによって作業時間を短縮できることは当たり前として、その作業をする上での人為ミスをシステムのチェックによって減らすことができる。複雑な作業をわかりやすく処理できるという利点を生み出せる。かつて企業には給与計算や伝票整理や経費処理など、こまごまとした計算を人の手（電卓など）で行っていた。人の手を介するとどうしてもミスが生まれる可能性があり、給与の額が違うといった計算ミスから生まれたトラブルがたくさんあった。

（職種） 現在はプログラマーをしており、依頼されたシステムのプログラミングを作ることが仕事だ。システムが完成した時は達成感があり、作成したシステムがお客様の仕事の生産性向上につながると思うとやりがいを感じる。学生時代に、一般の方向けに講演会を開くというボランティア活動をしており講演者を探すことが主な仕事だった。この経験を通じ自分が主役の仕事ではなく、誰かのサポートを行う仕事をしたいと考えるようになった。

（企業） ＩＴ系の企業は職場によって仕事内容や残業時間、土日出勤や夜勤有り、または常駐などの勤務形態が様々ある。その理由で、社員同士の連携が少なく、どうしても個人個人の活動になりがちだ。やはり、同じ会社に入ったからには、社員同士仲が良い職場で働きたいと思った。会社説明会でソフトボール大会や社員旅行、忘年会等の社内イベントがあり、職場の異なる社員とも交流できる機会が多く、社員を大切にする会社だと聞き魅力を感じた。

🖊（コメント）

ＩＴシステムを介することで、手作業から生まれる人為的ミスが防げるというのは、まさにＩＴが生み出したメリットです。

ソフトウェア／新規営業

> **変化が起これば起こるほど、
> 問題の解決力が増えていく**

（業界） 就職活動が本格的に始まる前に、インターンに参加してみようと思い就職サイトを覗いていた。正直ITに対する関心は高くなく、面白そうだからという単純な理由で応募してみた。ITを活用することで実現できる世界の広さを知り、興味が高まった。あらゆる業界の中で進化が早いことが一番の特徴といえる。世の中の技術革新に合わせ、IT技術もどんどん変化を見せていく。変化が起これば起こるほど、問題の解決力が増えていくことに魅力を感じた。

（職種） 就職活動前にリーマンショックが起こり「どんな会社もつぶれるんだ……」という衝撃を受けた。それであれば、一人で生きられる力を培おうと考え、法人向けの新規営業を志した。今後の社会は、いつ、どんな会社がつぶれるかわからない。安定の価値基準が変わってくると考えた。そのため、会社がつぶれても生きていける、汎用性の高いスキルを身に着けるべきだと考えた。クライアントの課題を見つけ、提案資料を作り、仕事を掴んでいくプロセスを学ぶことができればどの業界・企業でも生きていけると考えた。

（企業） 会社で昇進したり、偉くなったりという願望はない。とにかく早く成長して、力をつけたい。そのためには、社内政治などがあまりなさそうで、組織の歯車になることを求められない会社に行きたいと考えた。インターンで社長が「成長したいなら〇〇社が最適だ」と豪語していた。また、そこで出会う社員も、同じような観点で仕事をしていたので、ここならばと思った。

🖊（コメント）

もちろんどの業界も進化していくけど、IT業界はその中でも最も進化が早いと言えるかもしれません。「変化が起これば起こるほど」という言葉には勢いや力強さを感じます。

ECサイト／WEBデザイナー

> ## 資金力と場所にとらわれず
> ## 世界中の消費者にダイレクトに良い商品を届けられる

（業界） EC業界は資金力と場所にとらわれず世界中の消費者にダイレクトに良い商品を届けられることが魅力。インターネットで物の売買が盛んに行われるようになり、ライフスタイルの変化が生まれた。指定の場所まで届けてもらえる便利さなどから、小売店に物を買いに行くのではなく、ECサイトやネット通販で物を買う人が増えた。日本のみならず、世界中に物を届けることができるようになってきた。大学の専攻が流通学科であり授業で流通・マーケティングについて学んだ。既存の流通チャネルでは卸売業が重要な役割を担っていたが、ネットの普及により流通チャネルに大きな変化が起こると感じた。

（職種） 商品の魅力やメッセージ、生産者もしくは企業の想いをビジュアルで表現し、相手に正しく情報を届けるのが仕事。結果、売り上げやブランド価値の向上にも繋がる。言葉が通じない留学生活の中、写真やピクトグラム、絵などの非言語コミュニケーションをよく使っていた。ものによってはビジュアルで伝えた方が確実に届くことをあらためて感じ、言葉だけでは表現できない世界観をビジュアルで表現したいと考えた。

（企業） 業界に人材の需要があることもあり、3年以内に辞める社員が多く、また入ってくる人も多く出入りが激しい。だからか、短いスパンで部署編成が行われ人事異動は多いが、希望を出せば色んな職種を任せてもらえる。EC全体の知識を身につけたい人にとっては最適な環境だと感じた。

✐（コメント）

WEBサイトを通じて、買い物をする人が増えました。小売店や販売店に行って、目で見て手で触れる買い方にもメリットはありますが、新しい買い方を作ったのも事実ですね。

EC サイト（食品）／マーケティング職

小売店では気づかない・知り得ない商品の魅力に触れられる

（業界）　食料自給率は、国力を維持する上でとても重要だ。今その一次産業の担い手が減少していて、一因としては収入の低さが考えられる。EC サイトを介すると、マーケティング側からカスタマーにメリットのある形で「消費者がスーパーマーケットでは知り得ない・気付かないような農産物の魅力」を伝えることができる。高価格で購入してもらえるような支援をして、農家の収入向上に繋げられる魅力があると感じた。自分が自然や農業が身近な環境で育ってきたので、食べ物を満たすこと・自然と触れ合うことは、より良く生きる上で根幹になる部分だと感じた。農業は非常に重要な産業だと思った。

（職種）　基礎的な問題解決能力を高め、ビジネスで活かす経験を多く積むことで、ビジネスによる社会課題解決が実現できるのではないかと考えた。その経験がマーケティング職で積める。大学院のゼミで、正しく課題を捉え、仮説を立て、解決策を提案していくことの大切さを知った。まず、課題が捉えられないとそこから先に進めない辛さがあった。課題を見つける力がマーケティングに役立つと思った。

（企業）　昔から、努力して自分を高めていくことが好きだったので大きな裁量を持って働くことで、自身がより早く成長できるのではないかと思った。若手といえども仕事を任せてくれる環境の会社で働きたいと考えた。〇〇社はベンチャー企業のため、スピード感や裁量の大きさが楽しそうと思った。

✎（コメント）

小売店に商品が陳列されているだけよりも、商品と一緒に情報を届けることで消費者に価値をあらためて考えさせることができます。もちろん EC サイトの情報量をどれだけにするかにもよりますが。

WEBコンテンツ制作／ディレクター

成果がはっきりと数字に現せる

（業界） Webコンテンツは実行したことの成果がはっきりと数字に現れるところが良い点だといえる。例えばWebサイトを一新した際に前のサイトよりも閲覧人数が増えたのか、閲覧した人が以前より別のサイトに離脱しにくくなったのか、などなど。クライアントの要望に応えつつ、数値としてもユーザーの満足度を高めることができれば、そのWebサイトやアプリの価値を高めることができたといえる。

（職種） 最初から作るもの、やることが決まっているわけではなく、顧客が漠然と考えているやりたいことや課題に対して具体的なアイデアを出してあげる過程がWEBディレクターの仕事の面白いところだ。学生時代にフリーペーパーを作った際、編集やデザインの担当をした。最初はみんな「こんな雑誌を作りたい！」と明確な形を持っていたわけではなく、作業を進めていくなかで徐々に形になっていった。他のメンバーと意見を交換し、漠然とした意見をうまく具体的なアイデアの落とし込む役割をしたことが役立っている。

（企業） さまざまな専門分野ごとにメンバーがチームで考えて力を出し合って1つのものを作っていく。分野ごとのプロフェッショナルがいるところがこの企業の力だと感じた。就活が始まる前はマスコミ業界を志望し、大学にある勉強会によく参加をしていた。テレビの番組が作られる過程でプロフェッショナルが集まり、1つのものを作ることを知り、そういった組織で働きたいという考えを持った。

✎（コメント）

WEBサイトの成果を数字で表しやすいのは1つの特徴と言えますね。そして、それがタイムリーにわかる、というのも魅力の1つではないでしょうか。それだけ、タイムリーに対策することにもつながります。

ソーシャル・ネットワーキング・サービス／サービス企画

> ### 距離や時間の壁を越えられる
> ### オンラインコミュニケーションを提供できる

（業界）　オンラインだからできるコミュニケーションがあり、毎日の生活を楽しくしてくれる魅力があると感じた。face to faceのコミュニケーションも大事だが、距離や時間の壁をどうしても越えられないときがある。育児支援のボランティア活動をしているとき、お母さんたちがオンラインで互いに育児の相談をしている様子をみて、オンラインでコミュニケーションが取れることの価値を感じた。オンラインコミュニケーションに興味を持った。

（職種）　自社のサービスの一部を他社のWebページや製品に組み込み、両社で新しいサービス・製品を作っていくことを仕事とする業務提携部門に配属された。サービス企画の仕事では、あらゆるものがIT化していく中で、既存産業が変わっていく現場に企画者として関わっていくのでとても面白く刺激的だった。世の中に新しい価値を提供できるところが魅力だと思った。

（企業）　○○社のサービスは自分自身が毎日使っていて、遠くに住む旧友と会話したり、趣味が同じ人から情報をもらったりしていた。自分の毎日を楽しくしてくれるサービスであることを身をもって体感していたため、魅力的な企業だと感じていた。○○社のSNSサイトで昔の友だちとつながって近況を報告しあったり、毎日顔を合わせている友人でも、日記を読んだりすると、その人が深く考えていることを知ることができてとても面白かった。人間づきあいの幅が広がった。

✒（コメント）

僕が学生のころには「電子メール」という機能が誕生して、大きく文化が変わった実感がありました。そこからSNSが発展し、もっと瞬間的なオンラインコミュニケーションができるようになりました。

情報サービス／広告ディレクター

> ### よりよくする可能性のある
> ### 新しい情報を提供できる

（業界）「日々の身近な幸せが増えれば、人生が豊かになる」という考えが自分の中にあった。情報サービス業は「よりよくする可能性のある新しい情報を提供できる」魅力がある。本当に欲しいと思っている情報を提供するようなサービスが創出できれば、幸せがちょっとでも増え、その積み重ねで人生がより楽しくなるのではないか。幼少期の田舎での生活の中で、近所の人が温かく声をかけてくれる環境で、特別な日ではない何気ない1日を満たすことの大切さを感じていた。日常を良くするサービスを作れば、精神的な充足度があがり、もっと幸せになるのではないかと考えた。

（職種）　広告ディレクターという立場は、1人1人のカスタマーとの新しい出会いを最前線で創る立場にある。カスタマーの購買意欲の核心を知ることができれば、既存サービス、そこから派生した新しいサービスを作れるのではないのかと思う。大学生の時に、ずっと行きたかった国に行くことができた。その感動・良さを知ってもらいたいと思い、100人規模の講演会を開催した。想いを1人1人に伝えることで、世の中をより良くするきっかけを少しでも作ることができると知った。

（企業）　起業家を多く輩出している〇〇社なら、ベンチャー精神豊富な方が沢山いて楽しく働けるのではないかと思った。先進的な取り組みで、世の中に新しい風を吹かせてきた。出会う人によって、自分の選択が変わり人生に影響を与えるという経験をしたことからそう思うようになった。

✒（コメント）

1年の中で特別な日はほとんどありません。「何気ない1日を満たす情報」というサービスはとても魅力を感じます。

5-6

マスコミ業界

☑マスコミとは「大衆伝達」

　マスコミはマスコミュニケーション（mass communication）の略語で、直訳すると「大衆伝達」です。不特定多数の人に大量の情報を伝達することを指しています。テレビ・ラジオ・映画・新聞・出版などがこの業界に属しています。

　広告代理店はサービス業に含まれますが、広義の意味でのマスコミに含まれますし、イメージしやすいと思いますので、本節で紹介をします。

☑「何を伝えたいのか（表現したいのか）」がポイント

　テレビ・新聞・雑誌・広告と発信する手段は違えども、行きつくところは「何を伝えたいのか」というところです。どんなテレビ番組を制作したいのか、どんな記事や雑誌を書きたいのか、どんな広告を作りたいのか。これがなければマスコミ業界で働く意味が無いのでは？　と言えるほどです。この業界にいる方は、何かしらのテーマを必ず追い続けています。

　誰もが想像できるほどハードワークな業界。テレビ番組の最後の編集は連日泊まり込みだったり、新聞の特ダネを取材するのに「夜討ち朝駆け」という言葉があったり、広告主との接待は連日連夜に及んだり……。「やらなければいけないこと」はいつも盛沢山で、会社や上司から言われた仕事だけをこなしていると、あっという間に時間は過ぎていきます。

　いつの間にか組織の歯車の1つになってしまい、モチベーションが下がって辞めてしまうことになりかねません。どんなに忙しくても、どんなに大変でも、自分の追い求めたいことを追える楽しみがあるから、耐え抜くことができるのです。

　だからでしょうか、採用選考でも他の業界に比べて「何がやりたいの？」と

いう問いを一番投げかけられます。「テーマを持ってそれを追い求めたい」という方にはお勧めの業界です。

■図33：マスコミ業界の売上高

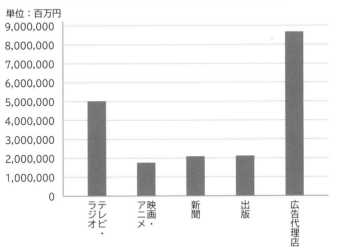

単位：百万円

平成28年経済センサス-活動調査より

☑人気業界の割に規模はそれほど……

マスコミ業界（サービス業界の広告代理店もふくむ）の規模は、1624兆円のなかで約20兆円と、他の業界に比べて規模は小さめです（製造業は396兆円）。

先に述べたように、テレビや新聞・雑誌など僕らの日常生活では目につきやすいものであり、社会に与える影響は非常に大きいといえます。だからでしょうか、学生の人気は非常に根強い。しかし、露出度に比べて市場規模は小さく、会社の数などは少ないといえます。結果、倍率だけが高騰しまうことに。

マスコミ業界に限らず、そういった露出度や認知度に対して規模が小さいという業界にばかり応募してしまうと、必然的に倍率が高くなりますから、なかなか選考が進みません。そういうところばかり受け続けてしまうと、なかなか結果が出ないので気を付けましょう。

☑テレビ業界の方が書いた志望動機ワークシート

	体験談	考え	思いつき
業界について	一部の人の間でブームになっていることを先駆けて番組で取り上げることが多い。何が人々の心に響いているのかを考えると同時に、興味がない人たちにも魅力を伝えるにはどうしたらいいのかも考える。おもしろいことを多くの人と共有することにやりがいを感じる。	話題を作り出す側になれる。世の中のおもしろいことが番組によってより深い魅力に迫れたり、新たな一面が見えたりすることで、さらに人気が出たりする。視聴者に喜怒哀楽を与えることができるのが喜び。	自分がおもしろいと思ったことを、多くの人に伝えることができる。
職種について	企画を提案する時には、ディレクター個人として何をおもしろいと感じているのか、同時に社会にそれを伝える意味は何かも問われる。世の中に必要とされる情報を伝えるためにも、ひとりよがりではなく、取材という裏付けが必要だと感じている。	常に「何がおもしろい」のかを問われる仕事。「おもしろい」の基準は、自分の感性だけが問われるのではなく、より多くの人に話を聞いたり、世の中を取材することで培われると思う。世の中とのつながりの中で、自分のこだわりを追求できるのが魅力	企画～取材～編集まで、番組制作の過程すべてに携われる。
企業について	学生時代に東南アジアの貧困地域でのワークキャンプに参加した。自分の生活とあまりに違う環境に圧倒されるとともに、自分一人の力では解決できないことを痛感し、社会に広く伝えるという意味を持つマスコミを志願した。考える内容はその時々で異なるが、仕事を通じて社会に対して何ができるのかを問い続けることができるのは公共放送の強みだと感じている。	テレビが勢いを持っていた時代とは違い、テレビというメディアが厳しい時代に突入している。目の前のよい番組を作るだけではなく、テレビとして何ができるのか、公共放送として何ができるのかを考える機会があることにやりがいを感じる。	大学で元ディレクターが担当する授業があり、そこで聞いた番組制作の話がおもしろかった。

テレビ（公共放送）／ディレクター

> ### 番組によってより深い魅力に迫り、視聴者に喜怒哀楽を与える

（業界）　テレビは世の中に話題を作り出す側になる。世の中のおもしろいことが番組によってより深い魅力に迫れたり、新たな一面が見えたりする。視聴者に喜怒哀楽を与えることができる。一部の人の間でブームになっていることを先駆けて番組で取り上げることが多い。何が人々の心に響いているのかを考えると同時に、興味がない人たちにも魅力を伝えるにはどうしたらいいのかも考える。おもしろいことを多くの人と共有することにやりがいを感じる。

（職種）　ディレクターは常に「何がおもしろいのか」を問われる。「おもしろい」の基準は、自分の感性だけが問われるのではなく、より多くの人に話を聞き、世の中を取材することで培われる。世の中とのつながりの中で、自分のこだわりを追求できるのが魅力。自分が企画を提案する時には、ディレクター個人として何をおもしろいと感じているのか、同時に社会にそれを伝える意味は何かも問われる。世の中に必要とされる情報を伝えるためにも、ひとりよがりではなく、取材という裏付が必要だと感じている。

（企業）　学生時代に東南アジアの貧困地域でのワークキャンプに参加した。自分の生活とあまりに違う環境に圧倒されるとともに、自分一人の力では解決できないことを痛感し、社会に広く伝えるという意味を持つマスコミを志願した。特にテレビ局の中でも、公共性が強い組織のため、何ができるのかを考える機会がある。テレビとして何ができるのかを問うことができるのが良いと感じた。

✏️（コメント）

悪い意味でも「怒」も与える危険性もあるため、慎重にならなければいけない側面もあります。それが、「喜怒哀楽」という言葉に集約されていますね。

テレビ（公共放送）／営業

即時性（タイムリー）と広範囲に情報を伝達できる

（業界） 一つのニュース報道で人命を助け、社会で起きている出来事をタイムリーに伝えることができる。他のメディアと異なり即時性と広範囲に情報を伝達できる点で影響力が大きいと感じる。それは諸刃の剣とも言え、正しい考えをもって情報を発信しないと人々を大いに迷わす存在でもあり、その中で自分たちを律して、仕事をすることに魅力を感じる。学生の時に運動部のマネージャーをしていて、体育会の統括としての体育会本部委員会にも属していた。すべての運動部員に広く影響を与える役目にあり、日々の生活についても規則正しく律した行いをしていた経験がつながる。

（職種） 営業職における考えとして制度理解を促進するにあたり、その協力関係にある人・組織とのマネジメントこそが仕事の魅力であると感じる。それゆえに、ビジネスパートナーとの信頼関係を築くためのデータ分析やそれを伝える表現が必要とされる。運動部員120人の寮生活を束ねる役割をしていたが、チームの勝利に向けていく船頭だと思っていた。寮内における生活環境や年間のチーム運営はマネージャーの役目であり、そこで得た力が活かせると感じた。

（企業） 全国に拠点を持つスケール感に魅力を感じた。ローカルネタを全国枠で発信することで、地域の情報をより多くの範囲に放送できる点で優位があると感じる。また、全国に拠点を持つため、放送インフラとしての存在も大きく、災害などが起きた際には全国にある放送設備を活用できるという世の中への貢献も高い。

✒（コメント）
ネットニュースが主流になりつつあるなか、やはりテレビの情報発信力もあなどれません。幅広い地域・年代へのタッチはやはりテレビが強いといえます。

テレビ(公共放送)／記者

真実を追求して多くの人に伝えられる強い発信力

（業界） マスコミ業界は、発信力の強さが魅力。情報があふれる社会の中で、真実を追求して多くの人に伝えられることが魅力。小さい頃から、自分の見たことがない世界の情報を知ることに楽しさや感動を感じていた。情報を得る手段として身近だったのはテレビや新聞であり、社会の今を多くの人に伝えて、世の中が少しでもよくなるように役立ちたいと思った。

（職種） 記者職の魅力は、国会議員・都道府県知事・企業経営者といった著名人から、声を届けたくても届かない弱い立場にいる人まで、いろいろな人の意見や考え方、経験を生で聞けるとともに、放送を通じて幅広い人に届けられる。阪神・淡路大震災、東日本大震災など災害の被災地で取材する度に、命や家族・絆の大切さ・防災の大切さを痛感した。放送をきっかけに支援の拡大や、他の土地での防災強化につながり、やりがいを感じた。自殺防止の電話相談に取り組む団体を取材した時に「放送のおかげで電話をかけてきた相談者がいた」と大変感謝された。

（企業） 公平・中立を重視する企業風土がある。公共性の高い組織のため、広告収入なく経営されていて、取材・放送活動にスポンサー企業の影響がない。費用対効果を求められることも少なくストレスがない。取材現場でも視聴者からの信頼の高さを感じている。

✏️(コメント)

真実を追い求める、これがまさにマスコミの醍醐味ですね。そういった高い志を持って、業界を志望される方が増えることを願います。

5

6

マスコミ業界

テレビ(キー局) ／ディレクター

バラエティであれ、ニュースであれ、ドラマであれ、メディアが伝えるのは「人」

(業界)　バラエティであれ、ニュースであれ、ドラマであれ、メディアが伝えるのは「人」だと思っている。オリンピックメダリスト・超大物俳優・最先端研究者・一流企業社長……トップに立つ人たちは才能と魅力に溢れ、それをテレビというフィルターを通して伝えていくことが役割といえる。サッカー経験から、昔から思い入れのある選手がいた。その選手が苦しむ時期に取材する機会があり、想いを番組で伝えることができた。選手本人からも、視聴者からも反響をもらった。自分の思い入れのある「人」の想いを多くの人に届けられたことがとてもうれしかった。やはりメディアの役割は「人」を伝えることだと思った。

(職種)　番組作りは良くも悪くもあまり分業化されておらず、企画立案・撮影・編集まですべてを行う。頭も体もフル回転させないと一つの番組を作り上げることはできない。その大変さがやりがいや、放送後の達成感に繋がっている。農学・大学院まで進学した。研究と並行して出版社で1年ほど無償のアルバイトをして業界研究も行った。考える力を絞り出してフル回転させたことが活きている。

(企業)　色々な業界人からは、○○社はテレビ局の中では「真面目」な「良い人」が多いという。社風として真面目に、誠実に仕事に取り組む人が多い印象を持った。テレビマンは派手で浮ついた人が多いイメージがあるが、真面目な人が多く、よく働く人が多い。真面目に物事に取り組む性格なので、合っていると感じた。

✎(コメント)

テレビ番組を見ると、ほとんど生身の人間が映っています(当たり前ですが)。そこに映る人の人柄、それを作った人たちのこだわり、すべて人につながります。

テレビ(キー局)／テレビビジネス

「地上波放送」という 圧倒的リーチを生かしたビジネスができる

(業界)　「地上波放送」という圧倒的リーチを誇るメディアを持っている所が魅力。テレビ離れやネットメディアの興隆が叫ばれる中で、地上波のコンテンツを利用して新しくビジネスを創出していくチャンスが生まれてきている。大企業のスケールを持ちつつも、新しいことに色々とチャレンジできる面白さがある。漠然と遠い世界だと感じていたが、就職活動を通じて知り合った業界の方々に話を聞くと、これからどんどん新しいことにチャレンジしていく変革の時だということを知り、自分にもチャンスがあるのではないかと思うようになった。

(職種)　自分には 0 ⇒ 1 で物作りを行うよりも 1 ⇒ 10 にするような仕事が性に合っている。自分自身も大好きなテレビというコンテンツを利用して面白いことがどんどんできそうだと感じた。個別指導の塾講師のバイトをしていた際に教室の運営改善に意見を出したら採用されてとてもやりがいを感じた経験があった。直接生徒に感謝されるのももちろん嬉しいが、自分が考えた枠組みなどが上手くいっているところに満足感を得た。

(企業)　安定した企業で、成長を目指すことができる場所を探していた。〇〇社は安定した給料と転勤の可能性がほぼ無いのが魅力だった。採用人数が他の広告や商社に比べて少ないので早くから仕事がどんどんできる可能性を感じた。

✎(コメント)

インターネットやスマートフォンの動画サイトなどが発展をしてきたなかで、既存のテレビメディアも新しいことにチャレンジをする転換期に差し掛かってきました。今までのテレビメディアが作り出したコンテンツやノウハウを、新しい形で世に活かすことも、またテレビメディアの役割と言えますね。

テレビ（地方局）／アナウンサー

共感や笑い、感動を生む

（業界） テレビは「共感や笑い、感動を生む」ことができる。常に視聴者への伝わり方を想像し、丁寧に構成を作り、時間をかけて撮影・編集を行っている。作り手の細やかな気遣いが視聴者の共感や笑い、感動を生むと思う。修士論文を約1年かけて100ページ書いた。資料の収集、取材のアポ取り、現地での聞き取り調査、データ解析などを地道に行った。他分野の人もわかりやすいよう、構成やレイアウトも工夫をした。丁寧に時間をかけて、1つの成果物ができたことに自信を持った。

（職種） アナウンサーはスタッフが取材・撮影した内容、また演出を実現する最終伝達者である。どんなに原稿や映像がすばらしくても、トーンや間・演じ方の違いにより、視聴者の印象は大きく変わってくる。情報を生かすも殺すもアナウンサー次第。方々から来る大きなプレッシャーに負けない強さが大切になる。運動部の主将として日本一を目指す中で、全部員を代表して部の伝統を背負ってフィールドに立つことのプレッシャーは凄まじいものがあるが、その分とてもやりがいを感じた。

（企業） テレビ・ラジオ兼営であり、地方局であるためにタレント起用も少なく、アナウンサーの仕事の幅が広い。ニュース、スポーツ実況、情報番組MC、ラジオパーソナリティなど、多様な仕事の機会がある。部活動の一方、漫才コンテストに出たり、受験者向けの本を執筆したり、様々な形で自分を表現してきた。好奇心が強い分、様々な分野の仕事に前向きに取り組める性分なので、仕事の幅が広いところで働きたいと感じた。

✏（コメント）

シンプルな言葉ですが、笑いや感動を生むのがまさにテレビです。僕も子供のころからたくさん笑い感動をテレビからもらってきました。

広告代理店／戦略プランナー

仕組みや考え方だけでなく、アウトプットまで一貫した提案ができる

（業界）　広告会社の事業領域が拡大していく（マーケティングや事業戦略など上流にも食い込んでいく）中、コンサルやシンクタンクなどが競合になる案件も増えてきた。彼らはマーケティングの仕組みや考え方は提案できる一方で、具現化できる機能を持ち合わせていない。「聞こえはいいけど、実際にどうやるの？」というケースが起こる。広告会社では、仕組みや考え方だけでなくアウトプットまで一貫した提案ができる。世の中・生活者に近いところ＝世の中の目に触れるところで、アウトプットを作れるのはこの業界ならではといえる。

（職種）　クライアントは自社商品のことを毎日考えているので、商品周りの知識は本当に豊富だ。その反面、物寄りの目線になってしまい、実際にそれが世の中に受け入れられるのかといった「生活者視点」が抜けがちだ。プランナーは商材の良さを理解しつつ、その良さをどのように切り取ったら、たくさんの人に愛されるだろうか、という発想で考える。「商品の良い部分」に「生活者への理解」を混ぜ込むことで、「生っぽい戦略」が提案できる。

（企業）　○○社には「この趣味・領域は誰にも負けない」という人が集まっている。そうした趣味を尊重してくれる会社で、「これが好きだ！」と言っていると、それに関係する仕事にアサインしてもらえたりする。入社してから、「野球が好きです」とずっと言っていたら、1年目の時点で野球の仕事に2つアサインしてもらえた。

🖊（コメント）

街を歩けば広告代理店が作った言葉があふれています。もちろん1つ1つに戦略があると思いますが、それだけを考えるのではなく、「広告」という成果物を作れるところが魅力です。

広告代理店（交通系）／営業

答えを見つけるための壮大な社会実験のようなもの

（業界） 広告とは、答えを見つけるための壮大な社会実験のようなものといえる。どんな言葉を使えば買ってもらえるのか、どんな見せ方をすれば興味を持ってもらえるのか。試行錯誤しながら研究をするような魅力がある。大学で運動部に所属をしていて、スプリントの選手をしていた。どう体を使えばいいのか、どう練習をしていけばいいのか。試行錯誤しながらスピードを上げるためにトレーニングをした経験からものごとを探求することに魅力を感じるようになった。

（職種） 営業の仕事はチームを束ねる力が求められる。特に広告代理店の営業は、クライアントにニーズを満たすために、社内のいろいろな人の力を借りなければならない。マーケティング・プランナー・ライターなどないろいろな分野の専門家をまとめあげることが大切になる。体育会の経験から、個人競技ではあるが、やはりチームが1つになるためにみんなをまとめる・みんなとまとまることの大切さを学んできた。チームで何かにチャレンジするほうが、一人で行うよりも大きな成果を生み出せると感じた。

（企業） 鉄道系のハウスエージェンシーということもあり、母体がしっかりとしているため安定した経営が行われていると感じた。安定した組織の中で、じっくりと自分のキャリアを築いていきたい価値観があった。就職活動の際に、OB訪問をしたり、業界で働くひとの話を聞いたりして、安定した経営の話を聞いた。

✐（コメント）

広告代理店の人たちも「こうすれば必ず」といった絶対的な答えを持っているわけではありません。試行錯誤を繰り返しながら、まるで実験をするかのように……、というのはとても良い表現です。

広告代理店／メディア担当

企業とユーザーをつなぐことができる

（業界）　広告会社は企業とユーザーをつなぐことができる点が魅力。商品やサービスを訴求したい企業とそのターゲットとなるユーザーを広告を介して結びつけることができる。プランニングや企画を通して、そのお手伝いができることが醍醐味だと感じました。大学時代、地域情報誌の出版社でインターンシップを行っており、クライアントから広告費をいただいて病院や学校の紹介記事を書いた。自分が発信した記事が反響につながり、クライアントから満足の声をいただけることにやりがいを感じた。

（職種）　メディア担当の仕事は華やかなイメージを持っていたが、実際の調整や交渉は地道で大変な作業だった。その分出稿が形になることは嬉しい。社内からも「○○さんのおかげで出稿がうまくいった」「プランニングしてくれた広告の効果があったので新しい仕事を追加で受注できた」という声をいただくことがありやりがいに繋がった。大学でメディアについて専攻し、各メディアの特性について学んでいた。インターン先の出版社で広告掲載にあたり、掲載内容や掲載日程についての調整・交渉を行っていた経験が役に立っている。

（企業）　○○社は私の地元に本社があり、顧客は県内がメイン。総合広告業に加え、NPO法人の運営など地域活性化を目的とした活動も行っている。地域活性化に興味があったので、地元の会社が抱える問題を広告を通じて解決することにより、間接的に地域経済の活性化に貢献できる点に魅力を感じた。

✎（コメント）

シンプルですが、広告は企業とユーザーをつなぐことがやはり一番の特徴・役割と言えます。広告・宣伝を見て、消費行動を行った経験は必ず誰しもがありますね。

広告（展示物）／営業

伝えたいメッセージを増長・増幅させるのが展示物（広告）の魅力

（業界） 伝えたいメッセージを増長・増幅させるのが展示物（広告）の魅力。商品やサービスについて、クライアントが伝えたいメッセージを形に変えることができる。マスメディアに比べて拡散力はなく訴求力は限定的になるが、実際に触ったり、体験できたりすることができる分、尖った企画ができる。展示場は広さに限界があるので、限られた制約の中で、何を訴えて行くかが面白いところ。大学院生のときに授業の一環で博物館の展示を行う活動をした。考えを形にできることに魅力を感じた。

（職種） 幼少期より数学が好きで、大学も理系の学部に入学した。数式などを学ぶことで、論理・法則などを知ることに興味を持った。商品やサービスが売れる理由は必ずあると思う。その原因や背景を考え、売れる理由を考えたり、問題を解決できたりするようなプランを作れる人になりたいと思った。営業はクライアントの窓口をする。「メッセージ」の一番近くにいることで、直接それを吸い上げることができるのもやりがいといえる。

（企業） ○○社は地方大学へも説明会に来てくれていて、感心を持った。若い人が多く、これからの成長を会社全体で考えているという話が印象的だった。展示物の広告を主に扱っている企業のなかで、数百人規模の小規模会社のため、若いうちからチャンスを掴めそうだと感じた。成長過程にあるため、自分の頑張りや成長によって会社が変わる可能性が大きいというのが魅力だった。

✒(コメント)

展示物の広告も奥が深い世界です。売れるための論理・法則、これを追い求めるのは一生の作業になりそうですね。人生をかけて追い求める楽しさがあります。

広告・PR ／ PRコンサルタント

製品情報を料理して、新しいニュースとして届ける

（業界） お金を出してCM枠や雑誌のページを確保し、そこに出す広告を制作する広告代理店とは違い、バラエティ番組や情報番組などでクライアントの商品を紹介してもらうようにアプローチするのがPR会社の役割だ。番組の制作サイドに提案をするため、新しいニュースとして扱ってもらえるような切り口を作らなければならない。クライアントの製品に関する情報を引き出し、それを料理して魅力を際立たせるところが面白さだといえる。授業でプロパガンダや日々のニュースに隠れている思想や商品の宣伝活動について学んだことが興味のきっかけとなった。

（職種） PRコンサルタントはPRを依頼する企業と、メディアの間に入って調整することが仕事になる。クライアントが伝えて欲しい魅力と、メディアが情報として扱いたい点とはズレていることが多く、溝を埋めるのが腕の見せ所だ。大切なことは「1回飲み込んで、次にどう返すかを考える」こと。まずは相手の意見を受け止めてから納得できるような提案をすると良い。3年時に、大学が行うPBLプログラムに参加をした。異なる主義主張を持つ学生の集まりの中で、答えに向かうためには意見を受け止めることの大切さを学んだ。

（企業） 業界No1で急成長しているため、勢いがありベンチャースピリットが強い。若手でも仕事をどんどん任されるため、数年でかなり多くの知識と経験を得られる。説明会での社長のプレゼンに魅力を感じた。カリスマ感と自信が感じられ、直感的にこの企業が合うと思った。

✎（コメント）

ここ10年くらい前から「PR」というサービスが流行っています。SNSや動画サイトにPRが広がり始め、総合的なアプローチに需要がうまれました。

広告・PR ／営業

「これがほしかったんだ！」と思わせる空気感を作る

（業界） 「これがほしかったんだ！」と思わせる空気感を作ることが広告の魅力で、企業の経済活動を成り立たせている影の立役者といえる。マスコミ志望だけど、何がしたいかわからなかったときにたまたま友人に教えてもらった広告代理店のクリエイティブ職のインターンシップに参加した。気づかないところで思わず買ってしまうようなデザインやマーケティングを駆使しているのが面白いと思った。

（職種） クライアントから情報を集め、クライアントに代わってメディアに商品を取り上げてくれるようにさまざまな切り口を作って提案することが仕事になる。テレビCMや新聞で紹介される広告枠の宣伝と違って、成功すれば枠の決まりがなく、自由度が高い宣伝ができるところが魅力的だ。自分が考えた企画をメディアに提案し、人気のテレビ番組で紹介されると（CMではなく、演出のなかで）、クライアントの売り上げや集客・株価にまで影響していて、目に見える成果と感謝されることにやりがいを感じる。

（企業） 数名にOB・OG訪問し、実際に話を聞いた。皆さん個性的で話が面白かったし、仕事に熱心な姿勢に共感ができた。その人らしさ（個性的な人柄）が企画や演出に出るのもこの企業の社風だと思った。その先輩たちが作り上げてきた看板があって、ある程度の地名があり、クライアントも話を聞いてくれやすい環境がある。それをつかって自分の仕事をできて、いろんなことを体験させてもらえると感じた。

✒ （コメント）

「空気感を作る」というのは言い得て妙です。はっきりとストレートにアピールしてしまうと、逆に怪しまれたりするのがPRの難しいところです。空気のように体に入ってくる、という視点が重要です。

出版／編集

> ### 人が持つものの見方をアップデートしてくれる

（業界） 本こそがものの見方をアップデートしてくれる。高校生のときに読んだ生物に関する本が今も自分の考え方の基盤になっている。本は経営者、学者、スポーツ選手など特異な経験をしている人たちが作った言葉の集まりといえる。そしてそれを、著者・編集・校正などさまざまな人のフィルターを通して本という形に仕上がっていく。特異な経験を、それを仕上げるプロたちが作り上げることで、より学びの深いものをつくり上げることができる。

（職種） オフィスに座っているだけでは企画は生まれず、どんどん外に飛び出して行って、積極的に活動の幅を広げなければいけない。なので、オフィスでの拘束時間は特になく、自由に情報収集ができ、時間・場所を問わず自由に働けるところが魅力の1つと言える。編集の仕事は既存のものの組み合わせから新しい価値を創り出すことといえる。一人の著者、一つのテーマでも組み合わせや切り口によって企画のよしあしが大きく変わる。時に熱心に、時に客観的に、物事を見る力が求められる。

（企業） 採用選考を通して魅力的な人がいるとわかった。人間関係で困ることはなく、気持ちよく働けると感じた。出版社、というと文系の人、とくに文学部の人が多いと思っていたが、理系出身者も多く、企画・営業・ネット戦略などに知見が活かされていると感じる。バックグラウンドにこだわらずに人材を求めている社風にも魅力を感じた。

🖊（コメント）

本を読むことで（著者の価値観や訴求点に触れることで）、ものの見方が変わる・新しくなることがよくあります。そういった機会を作り出す役割があるといえます。「アップデートされる」というのはまさに業界ならではの考えてすね。

新聞（全国紙）／記者

1次情報を発信し、 社会に議論を生むことができる

（業界） 時には朝晩関係なく働かないといけないこともあるが、1次情報を世界に発信するという責務をみな果たそうと努力している。1次情報を発信し、社会に議論を生むことができたときはやりがいを感じる。幼い頃から新聞を読んだり、テレビでニュース番組を見たりするのが好きだった。実家が田舎だったため、新聞やテレビを通して、社会情勢を知った。そういう情報を届け、社会と人をつなげるところに魅力を感じた。

（職種） 日々勉強。被爆者、元ハンセン病患者、医師、政治家など様々な職種・立場の人と出会える。そして、情報を届けるという以上に、読者に何か感じてほしい、関心をもってほしいと願える仕事。報道関係へ就職したかったので、大学時代に記者対策講座を受講した。講座の先輩の中には、大手マスコミに就職した人も多く、就職活動の時にOBOG訪問がたくさんできた。相手のペースで話をゆっくり聞きたいと思ったので、カメラマンなどがおらず、1人で行動できる新聞記者がよいと考えた。自分の判断や感性で行動することができる側面があると感じた。

（企業） ○○社は歴史がある会社なので、記者教育がしっかりしているという点で魅力を感じる。優秀な先輩記者も多く、相談したら親身に相談にのってくれる。学生時代、○○新聞社のバンコク支局にインターンシップした。そこで出会った記者は何事にも関心があり、また、取材相手に丁寧に接する姿を見て、そんな記者になりたいと思った。

✏(コメント)

新聞がスクープした社会ニュースは星の数ほどあります。そういった1つ1つの記事が社会に与える影響は大きく、大きな議論のうねりを作り出してきました。

新聞（地方紙）／記者

不条理や格差など自分の力では どうすることもできない人たちの声を代弁する

（業界）　困っていること・ひとについて記事にする。不条理や格差など自分の力ではどうすることもできない、選べない人たちがいる。そういった人たちの声を代弁するのが新聞・マスコミの役割といえる。人の生活とは、幸せとは、よりよい世の中とは……。社会正義を追い求めて世の中をよりよくしていくために存在していると信じている。3年生の夏に台湾に留学した際に学生運動を見た。貿易協定について台湾の経済がのっとられると感じた若者が反発した。世の中を自分たちの力で少しでも良くしようという視点に圧倒された。

（職種）　取材をさせてくれた目の前の人にしっかり向き合って、事実確認を怠らずに作業するのが記者の仕事。誠実に対応すれば、世の中のあり方を問い直す記事が書ける。自分で発見したアイデア・人・出来事を自分の力で書くことができる。たまたま食事していた店のアルバイトの方との雑談から、教育機関のあり方を巡った記事を書いた。Yahooニュースも転載され、問題が明らかになった。自分の問題意識に従い、弱い立場の学生に寄り添った記事を書いたところ「声を代弁してくれてありがとう」と言われた。

（企業）　地方の中では割と大企業なので、人も資源も比較的恵まれている。地元ではよく知られており、名刺や肩書きを利用すればいろんな立場の人間と会うこともできる。子供のころからよく目にする機会が当然にあり、地方紙の存在はなじみがあった。

🖊（コメント）

弱者の声を代弁する、まさに新聞の醍醐味です。紙面には様々なジャンルと、特ダネから些細なニュースまで、たくさんの記事が載っています。社会の中では弱い立場の人たちの声が載る土壌がありますね。

5-7

金融業界

☑お金を融通する「金融」

　経済社会の中でお金が滞りなく行き渡るように「お金を融通する」のが金融の役割といえます。金融業界といえば、主に銀行(信金、信組なども含めて)、証券、保険(生保・損保)があり、その他にはクレジットカード、消費者金融、政府系金融機関、ベンチャーキャピタル、共済事業、信用保証機関などもあります。どの分野もお金を扱うという点では共通しています。

　全体の規模としては125兆円、業界の大きさとしては中規模といえるでしょうか。生命保険が突出して売上高が多いですね。それだけ多くの人が「もしもの時のために……」備えているという証でしょう。意識の高さが伺えますね。あとは、銀行と政府系金融機関が続いています。

☑金融は人を見る商売

　お金を扱うというと「数字に弱いからやめておこうかな……」「なんだかドライな人たちが多そう……」と思いますが、意外にそうでもありません。

　以前、銀行に勤めている方から聞いた話です。バブル崩壊後に銀行の業績は悪化し、審査基準はより厳しくなり、数値基準を明確にしたそうです。例えば「○○円融資するなら、預金が××円無いといけない」「担保が△△円分無いといけない」というように。融資基準があるのですが、そのハードルがより厳しく明確になったらしいのです。人の感情が入って、間違った融資をしないようにという意図がありました。

　さて、その結果どうなったかというと、バブル崩壊前よりも融資の回収率が悪くなったそうです。理由は「人」を見なくなりすぎたから。杓子定規に枠に当てはめた結果、より悪い方向に進んだそうです。

■図34：金融業界の売上高

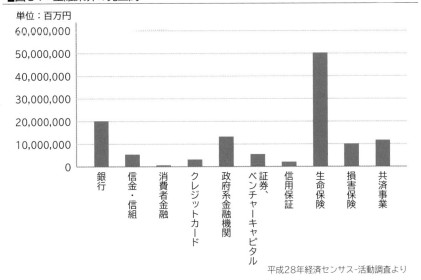

単位：百万円

平成28年経済センサス-活動調査より

　さて、今はどうなのか。別の銀行に勤めている方からもこんな話を聞きました。

　新入社員研修でのことです。担保を全く持っていない経営者に融資をするかどうかというケーススタディが行われました。結論は「実際には融資を行った」という答えでした。理由としては、経営者の人柄や今までの経験、従業員や税理士などとの関係性を鑑みて、融資可能という判断に至ったらしいのです。もちろん、融資を行うまで各方面への調整は大変だったでしょうけれど……。

　ひと昔前の銀行のやり方なら、絶対に融資は行われなかったでしょうね。数字だけを見るドライな仕事と思われがちですが、人間関係や人柄もしっかりと見極めようとしているひとつの参考例でした。

　銀行のみならず他のジャンルの業界でも、「お金」という大事なもののやり取りを行うからこそ、人の本質が試されるのかもしれません。「人の本質と向き合いたい」「人の人生と向き合いたい」、そんな方にはお勧めの業界といえますね。

5

7

金融業界

☑ 銀行業界の方が書いた志望動機ワークシート

		体験談	考え	思いつき
業界について		ゼロからコーヒーの模擬店をやるという話になった。材料を仕入れたり、機械だったり、備品だったりを仕入れるとなったときにお金が必要になった。手元に現金がなく、一時的に親から20万借りた。返済計画書・内訳を書いた。親を説得した。いつまでにどれくらいのお金を返すのかをしっかりと文章にして親を説得した。金融、というものに興味を持ったきっかけとなった。	お金を融通させるだけが銀行でなく、融資や返済の過程の中で、取り引き先の利益を生み出すためにいろいろな提案をすることができる。銀行という立場上、企業の大切な決算書に触れることができるが、決算書の情報から支援の内容を広げられる可能性が多くある。経費削減を促したり、ビジネスマッチング相手を紹介したり、税金対策のよりよい方法を提案したり、人材の活用方法などを教えたり。それらをボランティアベースで行える。	自分がおもしろいと思ったことを、多くの人に伝えることができる。
職種について		ゼミ活動の1つとして、伊丹空港に工場見学に行くことになった。計画をするときに、まずはゼミ長として訪問先の担当者に手紙を書いて訪問の理由をしっかりと相手に伝えた。後にゼミの指導教員に「とても信頼感が高まった」と言葉があったと伝え聞いた。	営業の仕事は気配りがすべて。こマメな連絡、些細な相談をしっかりとすることでお客さんからの信頼が増す。そして、外だけではなく、社内への営業も怠らないこと。お客さんから無理なお願いがあったときに、スピーディーに対応できなかったりする。	気配りが大事
企業について		学園祭でコーヒーの模擬店をしたが、3人でお店を出したが、3人全員でそれぞれの仕事をきめて、そして把握しあってお互いでフォローし合った。助け合う組織に魅力を感じた。	働きやすい職場作りを目指している。管理職であっても時短ができたり、無駄な残業をせず定時に帰ることを目指したりする風土が生まれている。産休・育休中に規則が変わったら、テキストでまとめて渡す制度がある。復帰しやすい制度が充実している。銀行ならではの職場離脱以外にも長期の休暇が取れる制度が充実している。フレックスやミニ休暇がある。支店対抗で数値が定められている。全員がフォローし合える企業風土。	チームワークや助け合いのある職場

都市銀行／営業

> **融資や返済の過程の中で、
> 利益を生み出すためにいろいろな提案ができる**

（業界） お金を融通するだけが銀行でなく、融資や返済の過程の中で、取り引き先の利益を生み出すために提案をする。立場上、企業の大切な決算書に触れることができるが、そこから支援の内容を広げられる可能性が多くある。経費削減を促したり、ビジネスマッチング相手を紹介したり、税金対策のよりよい方法を提案したり。それらをボランティアベースで行える。文化祭で模擬店をやったとき、材料・機械・備品を仕入れるとなり、お金が必要になった。手元に現金がなく、一時的に親から20万借りたが、返済計画書・内訳を書いで親を説得した。いつまでにどれくらいのお金を返すのかをしっかりと文章にして親を説得した。金融、というものに興味を持ったきっかけとなった。

（職種） 営業の仕事は気配りがすべて。こまめな連絡・些細な相談をしっかりとすることでお客さんからの信頼が増す。ゼミ活動の1つとして、空港に工場見学に行くことになった。ゼミ長として訪問先の担当者に手紙を書いて訪問の理由をしっかりと相手に伝えた。後に指導教員に「とても信頼感が高まった」と言葉があったと伝え聞いた。

（企業） 働きやすい職場作りを目指す風土がある。支店対抗で目標が定められていて、全員がフォローし合える環境もあり魅力を感じた。学園祭の模擬店を3人でお店を出したが、3人全員でそれぞれの仕事をきめて、そして把握しあってお互いでフォローし合った。助け合う組織に魅力を感じた。

🖊（コメント）

銀行は貸したお金に対する利子が利益になるので、それ以外のアドバイスは直接的には利益を生まないので、ボランティアベースの仕事といえますね。ここに魅力を感じます。

都市銀行／融資課員

いま勢いのある会社に対し「推進」する役割

（業界）　銀行は企業を「推進」する役割といえる。いま勢いのある会社に対し、融資・年金・資金運用・税金対策・ビジネスマッチング……幅広い提案を行います。町の呉服屋や電気屋に始まり、ひとによっては地方自治体までが取引先となりうる。幅広いクライアントを支援（推進）することができる。渉外担当だった時に、社会福祉法人に障害者グループホームの建設資金を融資することができた。開設の記念式典に出席させていただいたときに、役に立てた実感があり印象に残った。

（職種）　融資課の仕事は、渉外のとってきた案件の審査を行う。場合によっては、「こうしたほうがよいのではないか」という提案を現場に対して行う。また業績が悪化している会社や個人事業主の再生支援を行うのも融資課の担当。支店レベルで再建が難しくなった案件などが担当に回ってくる。だからそもそもの立場として再建を支援する部署なので、「弱い」立場の人に寄り添って、数字（営業成績）にあまりこだわらず支援していけるのがやりがいを非常に感じる。

（企業）　○○社は信託機能も持っているので企業年金や不動産の紹介など他の銀行ではできない提案もワンストップで行うことができる。融資課に移動する前に新規営業まわりをしていたとき、企業年金や事業承継などの業務も扱っていることを紹介したところ、他の銀行にはない提案とのことで非常に気に入っていただくことができた。継続的に訪問するきっかけとなった。

🖊️（コメント）

融資課は現場（支店）からあがってきた困難企業の支援をする課でもあるので、じっくりと企業と向き合えるといわれています。だからこそ、楽な仕事は1つもなく、大変なところももちろんあります。

都市銀行／テラー

資産を増やすことができるお客様に合った商品を提案できる

（業界） 生きていく中で大事なお金を銀行は幅広く取り扱える。現在、日本円の価値があがることがむずかしく、どのように資産を増やすことができるかについて、お客様に合った商品を提案できる。学生時代に留学に行ったが、お金がかかることをよ〜く学んだ。趣味ややりたいことにはどうしてもお金がかかるということを考えるようになり、お金に興味を持ち始めた。アルバイトをしてお金をため、そして増やしていくことに興味を持った。

（職種） テラーは窓口で直接お客様との接点がある。お金に関する悩みや疑問を聞き出し、そのひとにあった商品の提案ができる、問題や悩みの解決ができると思った。空港のターミナルのアルバイトで、お客さんと関わる仕事であったため、接客の楽しさを知った。そして、人助けをするのが好きで、空港は特に訪日外国人や羽田空港が初めての方の利用が多いため困っている方々の手助けができるやりがいのあるアルバイトだった。困っている方の力になれる、お客様からの笑顔が直接見れる仕事がしたいと思うようになった。

（企業） 銀行・信託・証券の一体化を目指しているという言葉が自分の中で魅力に感じた。一体化となったグループの連携が魅力に思えた。小さい頃から、バレーボールとチアダンスをやっていたこともあって、チームワークという言葉が凄い心に響いた言葉だった。大学の合同説明会で、内定者であるゼミのOGの方から話を聞き、連携・一体感のあるという点を知ることができた。

✏️（コメント）

ほとんどの人は銀行を利用していて、通帳のデータを預かっている銀行だからこそ的確な運用にかんする提案ができるのではないでしょうか。

地方銀行／営業

然るべき所に資金を融通する

（業界）　お金は経済社会にとって血液のようなもの。経済が発展していく上でお「金」を「融」資していかなければならない。然るべき所に資金を融通するのが役割だが、会社を担当する銀行員が違うだけで、会社を生かすことも殺すこともできる。父の会社では、業界全体の経営が悪くなっている影響を受けた。すると、父の会社に融資をしていた銀行は手を引いた。担当者が変わった時、その人は父の思いを汲み取り再び融資をすることになった。それからはV字回復で会社の経営は持ち直し、父も会社も大事には至らなかったことがあった。

（職種）　営業担当として、取引先会社に対しては、決算書やその他の資料を見ながら会社の実態を掴んでいく。財務上の問題を指摘し、その会社をより良くするためにアドバイスする。わかったことをお客様にぶつけ、自分なりの提案をしていく。確かな目利き力を持たなければならない。就職活動時代、前線で働く銀行員の話から「お客さんのことを知る必要がある。気付けば銀行員なのにお客さん以上にその業界について詳しくなることもあるかもね（笑）」と聞き、そうやって目利き力が身についていくんだと感じた。

（企業）　○○社は数ある銀行の会社説明会に参加した中で一番良い印象だった。「会社のことを知ってほしい！」という熱い思いを感じた。働いてみると、人間味溢れる素敵な人格者が多いと感じた。お客様に対して熱い気持ちでぶつかっている、そんな諸先輩方を見て、自分も影響された。苦しい中でも地域を支えてきた精神は脈々と受け継がれている。

🖊（コメント）

テレビドラマでもよく取り扱われたりする場面ですが、人や銀行がどう評価をするかで、生かすも殺すも決まってきます。責任の大きい仕事です。

信託銀行／個人営業

財産の円滑な承継をし、遺された家族が争うような状況を作らない

（業界）　超高齢化社会である日本では、遺言・相続の需要が高まっている。特にここ2〜3年くらい遺言・相続の問い合わせは多く「財産の円滑な承継をし、遺された家族が争うような状況にしたくない。遺した家族に相続手続きで面倒をかけたくない」という人が増えており、お客様の資産を総合的にサポートすることができる。都市銀行からの取次で信託銀行員が不動産・相続の相談を行っている。法律の問題で、銀行では扱えない業務（不動産や相続など）があるからその部分をプロフェッショナルとして担っている。

（職種）　個人営業の部門に所属しており、資産運用、不動産、遺言・相続をトータルに取り扱っている。それらを聞き出すことはお客様の今までの人生（背景）をお聞きすることと同じであり、中途半端な気持ちでは受け止めることは絶対にできない。サービスの特性から信託銀行では60歳以上のお客様を主としており、「人」としての先輩である方々のお話は非常に勉強になる。

（企業）　入社して1年目のころから、GW・お盆・年末年始以外に長期休暇をとり、繁忙期の半額ほどで海外旅行に毎年2回行くことができた。銀行は5営業日連続休みの他にも福利厚生が手厚い。例えば、育児休暇が推奨され、実際に多くの女性社員が取得し、復帰している。長く仕事を続け、良いパフォーマンスを発揮するためにも、プライベートの充実を大切にすることが価値観としてあった。

（コメント）
遺産相続で遺された家族同士に問題が起こるなんて、ワイドショーでもよく聞きますね。遺された家族が仲良く暮らせるようにするのが役目といえますね。

生命保険／営業推進

> ### 人の力ではどうしてもでは助けられない状況に陥ったとき
> ### 助けることができる

（業界）　知人や親族といった、人の力ではどうしてもでは助けられない状況に陥ったとき（大黒柱のお父さんが子どもを残して亡くなった等）、お金を使って助けることができる唯一無二の商品を売っている点が魅力。親の借金に悩まされた過去があり、お金の問題は家族であっても助けることができないことなのだと実感した。借金ではないにしろ、同じようにお金で困って誰も助けてあげられない状況の人を、保険だったら助けることができると思った。

（職種）　営業推進の仕事はセールスを行う人たちの研修などを企画・実施したりする。最初は「自分で営業やった方が早いんじゃないか……」と思うこともあったが、何人もの営業の方にもっと良い営業トークを教えることで、自分1人ではできなかった大きさの成果が残る。「1人の100歩より100人の1歩」が感じられる。アルバイトでも、自分が頑張ってできることの量はたかがしれているが、きちんと指導して後輩を育てられれば、こんなにも店がまわるのかと実感した。そのうえ、自分の苦手な部分を助けてくれたり、新人の子に感謝されたりする場面もあり、チームで強くなる楽しさを知った。

（企業）　業界ナンバーワンを100年以上守ってきた歴史、大手ならではの充実した福利厚生などが良いと思った。なかでもそこで働く人たちに魅力を感じた。採用選考の中で、複数の方が面接をしてくださったとき、私の話を一切バカにしたりせず親身になって聞いてくれた。

🖊（コメント）
病気や事故のせいで、ある日突然大きなお金の負担を背負うことがあります。どうしても人の力ではどうしようもない時があります。そんなときに、役立つのが保険ですね。

証券／リテール営業

> **眠っているお金と情報を循環させることで、
> 企業を応援する人を集める**

（業界） 証券業界は個人の預金という、眠っているお金を企業に回すことでお金の循環を生み出すことが役割と言える。そして、情報を循環させることも証券業界の役割ではないかと考える。投資をする方に対しての企業の紹介は、今まできっと知ることがなかっただろう内容が多い。知名度は低いが良い企業が日本にはたくさん存在していて、そういった企業の情報を広めることも役割の1つと言える。眠っているお金や情報を循環させることで、企業を応援する人を集めることができる。ゲストハウスの立ち上げ・運営を1年半行った。収益をあげるためにWEBサイトを使って近隣の宿泊施設の情報を集めて対策を考えた。地域に眠っている情報を集めることで収益アップにつながった。

（職種） お金を通してお客様の未来を一緒に考えていくため、信頼関係を構築することが何よりも大切だ。そのためには目の前のお客さんにひざを突き合わせて向き合わなければいけない。高校時の競技水泳の経験を活かして、インストラクターをしていた。選手の成績をあげるために一生懸命向き合い、どうすれば成長するのか二人三脚で頑張った。

（企業） 営業の裁量が大きく、お客様にあった商品を選択することができる点が魅力だ。○○社では営業目標はもちろんあるが、どの商品で収益をあげるかは基本的に問われないという話を説明会で聞いた。競技水泳を行っていた際、目標を設定してチャレンジすることで、成長することができた。自分で目標を設定してチャレンジできる土壌があると感じた。

🖊（コメント）

世の中には知らない企業がたくさんあり、優良企業も星の数ほどあります。それを広めるというのも証券の魅力の1つです。

5-8

建設・不動産業界

☑建設業界のつながり

建設業界の売上高は108兆円、不動産業界は31兆円。内わけは、ゼネコンとハウスメーカーが合わせて68.8兆円と最も規模が大きい。

ハウスメーカーは「住宅業界」とも呼ばれ、割とイメージがつきやすいでしょう。

ゼネコンとは「general contractor（ゼネラル・コントラクター）」の略で、政府・自治体から依頼を受け、道路工事や土木事業を行っています。高速道路を作ったり、橋梁やダムを作ったり。また不動産業界からの依頼もあり、ショッピングモールやマンションなども建設しています。

サブコン（subcontractorの略）とは建物の電気・空調・衛生・内装などの設備の部分を請け負う会社です。ゼネコンが受けた仕事を職人たちの会社やサブコンに仕事を割り振っていくという構図があります。

■図35：建設業界と不動産業界のすみわけ

企画 → 土地の準備 → 設計 → 建設 → 販売 → 管理

☑建設業界と不動産業界のつながり

建設業界と不動産業界のつながり、住み分けはわかりますか？　どこまでの仕事が不動産で、どこからの仕事が建設の役割かわかりますか？

■図36：建設・不動産業界の売上高

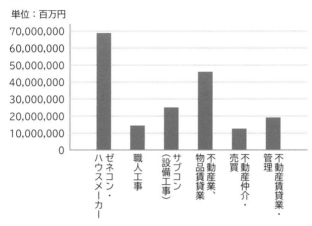

平成28年経済センサス-活動調査より

図35は、建物ができるまで流れを簡単にまとめた図です。どの[　　]が不動産の役割、どの[　　]が建設の役割か書いてみてください。

正解は[設計][建設]が建設会社の役割で、[企画][土地の準備]が不動産会社、[販売][管理]は不動産業界のなかでも不動産販売会社の役割になります。

☑用地取得が醍醐味！

不動産業界の方に話を聞くと、特に業界ならではの面白い点としては、土地の準備（「用地取得」といいます）だそうです。土地の活用を考えるのは、業界ならではといえますね。

業界の人達は土地・空地がもう気になって気になって仕方がないそうです（笑）。休日でも外に出かけると、いつも空地を探してしまう癖がついたそう。ちょっとした職業病かもしれませんね。

☑建設も不動産も「息の長い仕事」

着工してから完成するまで数年（なかには十数年）かかることはよくあります。ハウスメーカーなら数か月で家が建ちますが、大きくなればなるほど当然時間がかかります。完成するころには定年退職している……なんてケースもあるかもしれませんね。

長い時間をかけて1つものを造り上げていく、そういう視点に魅力を感じる方にはお勧めの業界です。

☑ハウスメーカーの方が書いた志望動機ワークシート

		体験談	考え	思いつき
	業界について	街にあった古い文化住宅がハウスメーカーによって新しく生まれ変わった。街の印象も明るくなって、近所の人たちと喜び合った。	契約したものが作品として残り続け、街の印象を作り上げることができる。 一生に一度の大きな買い物に立ち会えることが魅力的だと思います。	金額が大きいのでやりがいがあると聞いた
	職種について	実家の建て替えの際に、家族の異なる意見をまとめ上げ、全員が満足する提案をする姿に感銘を受けた。自分も、担当営業マンのようになりたいと思うようになった。	住宅の営業はお客様の夢を膨らませ課題を洗い出し解決に導くのが重要な役割です。契約前に夢や問題点を上手く聴き出すことができると、満足して頂き良い関係が作れると思う。	営業職は、先頭に立ちいろんな人（いろんな職種のお客様、銀行員、税理士、司法書士、不動産業者などなど）と関われるので視野が広がると思った。
	企業について	いろんなメーカーで建てられている方にお話を伺った時に、営業力、性能面ともに満足度が高かった。	エネルギー収支ゼロの家を全体の７０％を提供するなど他社との差別化が出来ているところに魅力を感じた。	実家の担当営業マン、大学の先輩が楽しそうに働いていたので受けてみようと思った。

ハウスメーカー／営業

> **作品として残り続け、街の印象を作り上げることができる**

（業界）　子供のころ、街にあった古い文化住宅がハウスメーカーによって新しく生まれ変わった。街の印象も明るくなって、近所の人たちと喜び合った。町内の入り口にあった家だったので、一帯にどんよりした空気を広めていたが、がらりと印象が変わった。契約し、建設したものが作品として残り続け、街の印象を作り上げることができる魅力を感じた。一生に一度の大きな買い物に立ち会えることも魅力的だと思う。

（職種）　実家の建て替えの際に、ハウスメーカーの担当営業の方が家族の異なる意見をまとめ上げ、全員が満足する提案をする姿に感銘を受けた。自分も、担当営業の方のようになりたいと思うようになった。住宅の営業はお客様の夢を膨らませ課題を洗い出し、解決に導くのが重要な役割だ。難しいのは、夢だけに寄りすぎてしまうと、コストがかかってしまい良い提案にならない。夢をまずはたくさん聞き出し、そこから現実的なところに落とし込んでいく。契約前に夢や問題点を上手く聴き出すことができると、満足していただき良い関係が作れる。

（企業）　いろんなメーカーで家を建てられた経験がある方にお話を伺った時に、〇〇社は営業力・性能面ともに満足度が高いという話を聞いた。商品に強みを持つ企業で働きたいという考えがあった。また、エネルギー収支ゼロの家を全体の70%を提供するなど他社との差別化ができているところにも魅力を感じた。

🖊（コメント）

これから日本全国で空き家問題が広まってきて、街の印象がどんどん悪くなる地域が増えるでしょう。そんなときに、ハウスメーカーの人たちが雰囲気を変える力を発揮してくれるといいですね。

5

8

建設・不動産業界

177

ゼネコン／施工管理

地図の一部に残る仕事

（業界） 建設業界は地図の一部に残る仕事といえる。設計したものがこの先何年～何十年と形として残っていく。自分が誇りに思えて、興味のある土木を生かせる業界は建設業界しかないと考えた。大学で土木工学を専攻していた。それまでは特に意識していなかったが、土木が安心・安全・便利な生活を支えていることを学び、自分が学んでいる土木に誇りを持てた。

（職種） 施工管理の仕事は「図面に書かれたものを1/1スケールで造ること」とよく言われる。品質（寸法の確認、強度の確認）、工程（当初の予定通りか、遅れているならどう取り戻すか）、安全（かつ効率よく進める）、コスト（早く終わればコストは下がる）などを管理する。うまくこなすには下請け業者の方々に動いてもらわなければならず、人の話をよく聞く・自分の考えを伝える能力が必要だ。授業をよく聞いて気になったことを質問したり、調べたりがしたことが一番の経験だった。

（企業） 誰もが知るような、社会に大きな影響を与えられるプロジェクトに関わりたいと考え、大きなプロジェクトを多く受注している大手ゼネコンを志望した。○○社の説明会で、人を大切にするという社風に魅力を感じた。会社説明をしてくれた社員も印象が良かった。全社員数千人の中の一人・二人にしか会っていないが、その中でも、一緒に働いてみたいと思える人がいたなら、十分な動機になると感じた。大学でOBによる会社説明会があったがゼネコン数社話を聞く中で、○○社の社員は飾らず真摯な印象が感じられた。

✒（コメント）

ゼネコンが作る、道路・橋梁・ダム・港湾施設・商業施設などなど、建てるもののスケールが大きく、それがそのまま地図に残っていくのはまさにこの業界ならではの魅力ですね。

不動産販売／営業

「家を買うことでどんな目的を果たしたいか？」を叶える

（**業界**）　大学時代新聞配達をしており、住んでいる街のことは知り尽くしていた。「買い物に便利な場所、家から花火が見えるエリア」……語り始めたら何時間も止まらない。家族が遊びに来た時は頼まれてもないのに案内した。街の魅力に気づいてもらえた時は嬉しく「これが仕事になったら楽しいだろう」と考えた。ただ、不動産販売会社は必ずしも「駅近で広くて築年数が浅い物件」売ることではない。家の好みは十人十色。“家を買うことでどんな目的を果たしたいか？”を叶えるのが真の存在意義だ。

（**職種**）　新卒で入社すると、顧客は「自分より“かなり”歳上」だ。ローンを組むには会社員としてある程度の勤続年数が必要なこともあるからだ。そんな顧客が「社会人になりたての若造」から何千万円もする商品を買いたいと思うか……。不動産営業は、「ハッタリでも舐められない貫禄」が必要だと思う。「30代前半くらいですか？」と新卒2年目の時に言われた。「大人の物の言い方」に関する本を読み漁って話し方を矯正した。結果は大成功だった（笑）。

（**企業**）　契約してくれた顧客から、リフォームの相談を受けた。業界は横の繋がりが強く、関連業種と名刺交換することも多い。知っているリフォーム業者の中から信頼できる会社を紹介したところ、喜んでもらえた。物件の購入も、リフォームも、引っ越しも、決して安い買い物ではない。不動産販売の営業担当が関連するサービスの相談を受けることも多く、大手の強みを生かして関連会社を“安心して紹介できる”のは魅力的だ。

🖊（コメント）

住まいに関しては、人によってこだわりが出る分野です。それぞれの希望に応じた家を紹介していくのはとても根気がいりますね。

5

不動産販売／営業

プロデュースの仕方で土地の価値が変わる

（業界） 不動産仲介の仕事はプロデュースの仕方で土地の価値が変わるところ。小さな土地がいくつか並ぶところで、うまく1つにまとめることでそれまでの価値を上回ることができる。1つに合わさることで新しい価値が生まれる。逆に大き過ぎる土地は分割することで、うまく買い手がついたりする。どう扱うかで価値が決まる面白さがある。東日本大震災が起きた時、各地を回ってスケッチブックにメッセージを集るボランティア活動をした。1つ1つでは小さな声だけど、まとめることで勇気づけられるメッセージブックになった。つなぎ合わせて1つの価値を作ることに魅力を感じた。

（職種） 営業の仕事は売り手の人間性で判断されるもの。特に不動産は売り主のものをある意味預かって売りに行くわけなので、自分の会社が保有している商品ではない。だからこそ、営業の人柄や人間力で売り上げが左右する面白さがある。高校生向けの進学支援サイトを運営する企業に1か月間インターンシップに行った。高校を訪問して、サイトの説明をするが、なかなか聞いてもらえなかった。目先を変えて、サービスの説明ではなく、自分が学生でインターンをしていることを話すと興味を持ってくれて利用してくれることになった。

（企業） 〇〇社は1つ1つの案件を決めようという熱量がとても大きいと感じる。1つの商売を掴むために、電話一本の取り次ぎにも適当に扱わない姿勢があるとOBから話を聞いた。その1本の電話をとれなかったから、仕事が消えてしまった可能性あると叱責されたそうだ。

🖊（コメント）

学生にとってなかなかイメージしづらいが、「土地」というものはいろいろな可能性を持っています。働くことで知識が深まりそうですね。

コラム⑤ 企業のブラックより業界のブラックを探そう!

「どこを見ればブラック企業かわかりますか?」。キャリアカウンセラーをしていると、よくこの相談を受けます。

正直言って、入社してみないとわからないと思うんですよね……。会社を外から見ているだけじゃわからないことが多くて、働き出して初めて知ることがたくさんあります。「ブラック企業の見抜き方」なんて本やWebサイトが、まことしやかにいろいろ書いていますが、本当なのかな〜と感じます。

僕の大学の同級生が転職した化学メーカーでのことです。それはそれはブラックな職場でした。深夜勤務当たり前、過剰なノルマもどんどん降ってくる。ちょっとうつ病になりかけたときに、ある日超ホワイトな職場に変わりました。

どうして変わったか? 理由は簡単で、元凶の素であった部長が左遷されたのです。社員から申し立てがあり、人事がついに対応に乗り出したのが結末でした。

何が言いたいかというと、「人によって変わるもの」でもあるのかなと考えています。経営者が変われば、上司が変われば、ブラックから一転ホワイトになることもあります。

それよりも僕は「業界のブラック」を調べてみてはどうかと思います。

たとえば、僕が以前働いていた人材派遣業界。入社して間もない僕はある企業と取引をしたいと思い、一生懸命営業をかけました。「欠員が出たので派遣社員を紹介して欲しい」と注文が。派遣社員を紹介し、無事に契約成立。「数か月の苦労が報われた〜」と喜んでいました。しかし、思わぬ落とし穴が……。仕事を始めて3日後に、派遣社員さんから「職場の雰囲気が合わないので辞めたいです……」と(涙)。結局、取引はなくなりました。派遣業界ではどの企業でもあるあるネタです。

こんな風に、自分の力ではどうしようもできない「ブラック」が、業界ごとに必ずあります。そういうことを調べてみるのも一つですね。

5

8

建設・不動産業界

5-9

サービス業界（運輸業も含む）

☑ 7つのジャンルに分かれるサービス業

　サービス業界は業界規模が289兆円と大きく、製造業と卸売業に続く大きな業界です。次のように、大きく7つのジャンルに分かれます。

　専門的な知識・ノウハウを提供している「学術研究、専門・技術サービス」、誰もが日常的に利用する「宿泊・飲食サービス」、生活に変化や楽しみを生み出す「生活・娯楽サービス」、学びを育てる「教育・学習支援サービス」、人の健康や生活を支える「医療・福祉サービス」、郵便局など大規模なサービスを複合的に行う「複合サービス」、最後に人材や警備など「その他サービス」。

　運輸業界は鉄道・道路・水運・航空・倉庫のジャンルで構成されていて、64.7兆円の規模を持っています。特に道路貨物の売上高は大きく、荷物を積んだトラックが日本中を駆け回っている証拠ですね。

☑ サービスとは「役務の提供」

　小売業と同じく消費者に一番近いところにある業界といえますが、物を販売する小売と違い「サービス（役務）を提供する」という点で違いがあります。

　僕なりの解釈でいいますと、「代わりにやってあげるサービス」とでもいいましょうか。例えば、理・美容店。自分で髪を切ろうと思えば切れなくはありません。家にある鏡の前に立って、ハサミを持てばいいのですから。

　でも、自分でやるよりプロの方に切ってもらったほうがもちろん綺麗に仕上がります。そこには必ずプロフェッショナルとしてのノウハウがあり、そこに付加価値がつき、サービス料金が生まれるのです。

■図37：サービス業界の紹介

①学術研究、専門・技術サービス

学術・開発研究機関、法律事務所、デザイン、経営コンサルタント、広告代理店、建築設計　など

②宿泊・飲食サービス

ホテル・旅館、飲食店（レストラン、ファーストフード、カフェ）、デリバリー　など

③生活関連・娯楽サービス

理・美容店、公衆浴場、エステ、旅行代理店、冠婚葬祭、映画館、競馬場、スポーツ施設、テーマパーク、パチンコなど

④教育・学習支援サービス

学校、学習塾、資格支援、博物館、美術館、動物園、公民館、図書館　など

⑤医療・福祉サービス

病院、歯科医、鍼灸所、社会保険事業団、老人福祉、訪問介護、障害者福祉　など

⑥複合サービス

郵便局、農協、漁協　など

⑦その他サービス

政治団体、宗教団体、破棄物処理、自動車整備、人材サービス、建物サービス、警備　など

5

9

サービス業界（運輸業も含む）

☑ サービスの表も裏も

　サービス業を知っていくうえで大切なことは、「表も裏もしっかりと知る」ということです。僕たち消費者が一番触れることができるのが小売業とサービス業です。特にサービス業は、一見華やかな業界が多いと思いませんか？

　ホテルのフロント係、ブライダルのプランナー、航空会社のキャビンアテンダント（正しくは運輸業ですが……）などなど。利用する僕らからするとキラキラ輝いてみえますが、裏側を見るとまた違った側面があったりします。

　例えば、僕がいた人材派遣会社。「あなたに合った仕事を紹介します」とうたってはいるものの、実際は急いで人材を探している案件を優先して紹介したりすることもあります。

　例えばA社とB社の求人があるとします。「この人にはA社の方が合っている気もするけど、B社から早く紹介して欲しいとせっつかれているしな〜」という裏事情があると、営業担当としてB社を強く勧めることもあります。

　もちろん、嘘をついたり無理に誘導したりすることはしません。「いや、私はA社の求人に応募したい」と言われると、もちろんA社の案件を進めます。初めからA社を勧めるのが本来のあるべき姿だと思いますが、そこはビジネスですからいろんな事情があります。

　サービス業界だけに限りませんが、「ホスピタリティ」をうたっていても、実は裏にはこんな事情が……なんてこともあります。綺麗な部分だけを見て心酔するのではなく、「本当はどうなんだろうか」と疑ってかかることも本当の姿を見るためには大切なことですね。

☑ 良くも悪くも反応がダイレクト

　サービス業は数ある業界のなかで最も反応がダイレクトに感じられる業界と言えます。小売業も同じように最終消費者に近いところに位置していますが、良い・悪いは「もの」に対してなされるケースが多いです。買ったこの商品は「○○で良かった」「××で悪かった」など。

　しかし、サービス業はサービスを行ったその人自身のパフォーマンスに対

して評価されます。「役務（サービス）」を提供するわけですから。反応をダイレクトに得たいという方にはお勧めの業界といえます。

■図38：運輸業界の売上高（）

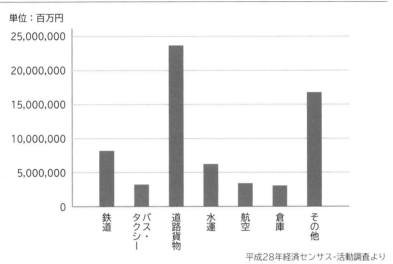

平成28年経済センサス-活動調査より

5

■図39：サービス業界の売上高

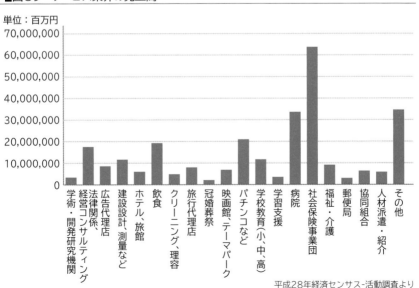

平成28年経済センサス-活動調査より

9

サービス業界（運輸業も含む）

☑ 経営コンサルティングファームの方が書いた志望動機ワークシート

	体験談	考え	思いつき
業界について	大学在学中の部活動にて、目標設定や制度改善などを行っていくなかで、組織内の軋轢により(嫌い、苦手など)物事が進まないことがあった。そんなとき、客観的な立場(監督、コーチ)からのアドバイスは非常に効果がありました。	コンサルティング業は第三者という客観的な視点から専門的なアドバイスができ、変革をサポートすることができる。伝統的な日本企業は組織編制が縦割りのため、コンサルティング会社が第三者としての立場(例；旗振り役、悪者役、調整役など)を担うことで、プロジェクトを進めることができ、企業・社会への利益に貢献することができます。	コンサルティング業界は活況になる
職種について	大学で日本企業のダイバーシティについての講義を受け、終身雇用を前提とした人事制度は、転職を念頭に考える自分とって、納得できない点が発生することを理解しました。特に、部署と勤務地に自分の自由や融通が反映されにくいことは、転職を考えたり、キャリアを考えたりする際に不利に働くことが予想されました。プロジェクトへの参加希望を表明でき、参加可否は自身のスキルと経験に依存するプロジェクトベースの考え方は、キャリア構築を考えやすいと判断しました。	コンサルタントの仕事はプロジェクトベースで行われるため、多数のプロジェクトを経験することで、多様なテーマ・業界・企業・職種と接することができる。社会勉強ならびに専門スキルのアップに繋がりやすく、自社レベルから日本企業全体、世界へと自身の視野を広げるよいきっかけを与えてくれる。伝統的な日本企業のように、転勤や配属によって、人生を左右されることがないとメリットを感じた。	プロジェクトベースでの勤務は飽き性の自分にはもってこい
企業について	留学した経験からもグローバルなプロジェクトに関われることに魅力を感じるようになった。	戦略やICTに特化せず、総合コンサルティングをグローバルに行うことは、自社内での自身のキャリアの選択と可能性を広げることになる。また、日本でのネームバリューより海外でのネームバリューを優先することは、今後のキャリア選択の際に有利に働くことも期待できる。	大学留年してまで海外留学に行ったので、外資系企業に入社すると聞こえが良い

経営コンサルティングファーム／コンサルタント

第三者という客観的な視点から変革をサポートする

（業界）　コンサルティング業は第三者という客観的な視点から専門的なアドバイスができ、変革をサポートすることができる。企業は組織編制が縦割りが多く、コンサルティング会社が第三者としての立場（例；旗振り役、悪者役、調整役など）を担うことで、プロジェクトを進めることができる。大学の部活動で、目標設定や制度改善などを行っていくなか、組織内の軋轢により（嫌い、苦手など）物事が進まないことがあった。そんなとき、客観的な立場（監督、コーチ）からのアドバイスは非常に効果があった。

（職種）　コンサルタントの仕事はプロジェクトベースで行われるため、多数のプロジェクトを経験することで、多様なテーマ・業界・企業・職種と接することができる。専門スキルのアップに繋がりやすい。また、キャリア構築を考えやすいと判断した。伝統的な日本企業のように、転勤や配属によって、人生を左右されることがないとメリットを感じた。大学で日本企業のダイバーシティについての講義を受け、終身雇用を前提とした人事制度はデメリットを感じた。

（企業）　留学した経験からもグローバルなプロジェクトに関われることに魅力を感じるようになった。戦略やICTに特化せず、総合コンサルティングをグローバルに行うことは、自社内での自身のキャリアの選択と可能性を広げることになる。外資系のため海外でのネームバリューを優先することは、今後のキャリア選択の際に有利に働くことも期待できる。

✐（コメント）

組織にはいろいろなしがらみ・歴史・人間関係があるせいで簡単に何を変えるのは難しい。第三者として変えるお手伝いをするのが役割といえますね。

コンサルティング（人事・採用）／コンサルタント

チームを成功に導く「適材適所」を作る

（業界）　人事・採用コンサルティングとは、企業が成功するために最も重要な「人」をどう採用するかを支援すること。エースや4番のような、いわゆるすごい人ばかり集めてもチームは機能しないが、経営者や人事担当者はそれを求める傾向がある。チームを成功に導く「適材適所」を作ることが役割と言える。前職の仕事で事業の成功・失敗はビジネスモデルや商品うんぬんではなく、「人」が決め手であることを学んだ。その学びが活かされている。

（職種）　コンサルタントの仕事は「気づかせるタイミングを作る」こと。特に経営者に対して「〇〇したほうがいいですよ」と指示してしまうと関係が崩れてしまう。従業員の意見やデータなど事実を集めて、それをもとに問題に気付いてもらう。会社の内情などについて好奇心を持って話を聞き、問題点を洗い出すことが重要だ。20代前半、本屋に行くと興味が無い分野の本を読むことを習慣づけていた。全く知らない分野について、知らないことに触れる楽しさを感じた。

（企業）　会社は経営者の人柄で決まると考えている。新しい取り組みや困難なことにチャレンジする価値観を持つ人と働きたいと思っていた。前職の会社で新卒採用を任されたとき、就職サイトを使わない採用ができないかと模索した。ただ一人だけ、好意的にアドバイスをくれた人がいまの経営者だった。突飛な考えにも共感を持って一緒に考えてくれる姿勢が嬉しかった。

✏️（コメント）

僕も人材業界で働いていたので、「いわゆるすごい人」を採用したがる担当者が多いという話はとても共感できました。そこでどうやって良い方向に進めるかがサービスの役割といえますね。

飲食（コーヒーショップ）／接客

1つの基準をもとに楽しめる空間を作ることができる

（業界）　コーヒーは、日本も含め先進国や発展途上国に至るまで、世界中で日常的に飲まれている。マーケットは世界中にあり、海外の人々とコーヒーという1つの基準をもとに楽しめる空間を作ることができることに魅力を感じた。オーストラリアに長期滞在し、たまたまコーヒーの文化が進んだ土地に住んだ。毎日のようにカフェを巡り、一杯のコーヒーを通して生まれるコミュニケーション、雰囲気、流れる時間に魅力を感じ携わりたいと考えた。

（職種）　接客・サービスの仕事は常にリアルタイムでお客さまの反応を知ることができるので、お客様のことをどれだけ思い、実行することができたのか、その成果をわかりやすく受け取ることができる。リラックスしたい人、ルーティンになっている人、エネルギーを補充する人、さまざまなお客様がいる。相手がどういう状態なのかを察して、その人にとってベストなものを提供することが大切。学生時代、塾の講師をしているとき意見を押しけるのではなく、一緒に悩んで寄り添って答えを考えていくことがスタンスになった。

（企業）　○○社は接客、製造（焙煎）、サービス（コーヒー教室etc)に至るまで様々な職種に携わることでき、活躍の場を広げることができる。店舗の1つが家から近くにあり、何度もお店通う内にファンになった。バリスタの方々はコーヒーの抽出技術を競う大会に参加しており、勝つための技量はもちろん、高い人間力やチームの総合力を持っている組織だと知った。

✒（コメント）

コーヒーというワンスタンダード、という視点はとても興味深いですね。他のどのジャンルの飲食店にも言えることですが、「世界共通の〜」という視点は個性的です。

飲食／調理・ホールスタッフ

美味しい料理で人々を満足させ、快適な食空間を提供できる

（業界）　美味しい料理で人々を満足させることができる。1人でも、友人とでも、家族とでも、人々に快適な食空間を提供できることが飲食店の魅力であると考える。日本のエンゲル係数の割合は世界では高水準であることを学んだ。食品価格が高いというのもあるが、せっかくお金を出して食べるのだから満足してもらいたいと思い、幸せにしたいと考えた。

（職種）　飲食店ではよりスピーディに、より良い料理を提供することを全員が目指している。そのためには、時にはぶつかり合うこともある。同じ目的に向かっている中で起こるこのぶつかり合いこそがお客様を満足させるための成長に繋がると思う。組織を成長させるためにぶつかり合うことが必要だと考えている。大学ではサークルで、高校では部活動でサッカーをしてきた。チームが勝つためにどうすれば良いか、チームメイトと何日も何時間もかけてよく話し合った。そのおかげでチームメイトを深く理解することができ、チームの目標を達成することができた。

（企業）　○○社は利益よりも従業員の満足度を優先している所や、手厚い研修が魅力と考える。そんな価値観を満たせる企業で働きたいと考えていた。テレビで○○社の売上No.1店舗についての特集を見た。合理的で無駄を無くした動作に感銘を受けて興味を持った。合理的で無駄のない動きは研修をしっかりと受けているからで、また従業員の満足度も高いからこそ、それだけのパフォーマンスが発揮できると思った。

✎（コメント）

競争が激しい飲食業界(外食産業)、良い企業と悪い企業がはっきりと分かれるイメージがあります。研修制度が整っていて、従業員の満足度が高い企業に入りたいですね。

教育（大学）／学校事務

「知識を得る」ところから「自分で考える力」を身につける支援

（業界）　大学という教育機関は全国に大小さまざまあり、先進的な高等教育から高校から少しステップアップしたような教育まで幅が広い。ただ、共通して言えることは「知識を得る」ところから「自分で考える力」を身につける場であり、それを支援するのが大学の役割といえる。ニュージーランド、インド、東南アジア、アラスカといった場所に旅をした。新しいもの・知識に触れることで、考える習慣が身についていった。学びを得ることに魅力を感じた。

（職種）　学校事務の仕事はなによりもバランス感覚が必要になる。目の前にいる学生はもちろん、ステークホルダーである行政・高校・企業・保護者、と携わる人たちが多岐にわたる。目の前にいる学生だけのことを考えていても、結果的にその学生のためにならないこともある。視野を広く持って、バランス良く多くの人のメリットを考えなければいけない。大学時に4年間塾の講師をした。伝え方1つをとっても、受け取る側とは理解が違うことがよくある。答えは1つではなく、いろいろな考え方があることを身をもって知った。

（企業）　○○学園は小規模の大学で、職員も学生も顔と名前が一致するぐらいの規模といえる。そういった場所のほうが人の成長が間近で見られるので楽しいと感じた。顔見知りであった学園の卒業生が修士号を取り、次は教員となってキャンパスに帰ってきた経験があった。そんなときもフランクに名前を呼んでくれ、声をかけてくれた。

🖊（コメント）

小中高大と教育機関は多いですが、高校までの「学習」と大学での「学問」は違う、とはよく言われる言葉です。自分で問いを立てて、自分で考える。それを行う場が大学の魅力といえますね。

通信教育／編集者

> ### 時間を置いて作り込んだものを提供することで
> ### 教育の質を担保できる

（業界） 教育の質を担保できるところが魅力。時間を置いて、作り込んだものを提供することができる。通信教育の教材は、ユーザーと直接やりとりをしないからこそ、距離を保って教育を提供することができる。じっくりと試行錯誤し、思い付きや勢いで考えて短時間で作った、という要素は入りにくい。そこが一番の魅力といえる。自分が小中高大と生徒として生きていた経験で、指導者によって教育の質や指導が変わったことが良いとは思えなかった。もちろん、良い先生もいたが、場当たり的で思い付きのような指導をする先生に不信感を抱いたことがあった。

（職種） 職人のように問題1つ1つを作り込んでいくプロセスが面白いと感じた。問題・解説を外部の先生に発注するが、それをもとにわかりやすい言葉や表現を自分で考えて、良い教材を作っていくところが面白さだと感じている。国文学を先行した大学時代。文章を読んだり書いたりすることが得意だった。1つ1つの言葉を読み解き、1つ1つの言葉をつなぎあわせて文章を書いていく力が役立っている。

（企業） ○○社は専門教材を作る特化された担当者の数が他社に比べて多い。だから、より質の高い教材を作ることができる点が強みである。ライバル会社に転職して、○○社にまた戻ってきた人からの話を聞いた。「転職の先の会社よりも○○社の方が教材を作る担当の人が多く、向こうでは追われるようでかなり大変だった」と言っていた。

✏️（コメント）

生徒を目の前にする教育も良いですが、目の前にしないからこそ、感情に流されずじっくりと作りこんだ教材・教育を提供できるのがこの業界の魅力ですね。

予備校／校舎運営事務

> ### プラスアルファの学力を作り出すために、
> ### 生徒に合ったものを提案する

（業界） 学校の勉強は基本ベースとしてあり、プラスアルファの学力を作り出すのが予備校の役割といえる。生徒も様々で、いろいろなレベルのプラスアルファを作ることが難しく、生徒に合ったものを提案する必要がある。市の学習サポーターをしていたとき、算数と体育を教えていた。ひらめきの顔を見たときにとてもやりがいを感じた。個々の生徒の能力に合わせた力を伸ばす教育が良いと思った。

（職種） 予備校運営の仕事は、自分が表立って授業をするわけではない。時に模試の成績といったデータをもとに、個々の学力に応じてアドバイスをしてあげたり、様子を感じ取って感情的に言葉で励ましたり。受験という大きな壁を乗り越えるために、モチベーションをあげることが求められる。大学の学生自治会の副会長をしていたとき、イベントの際には、メンバーに厳しいことをいったり、はげましたり、モチベーションをあげるためにいつも憎まれ役だと思っていた。結果、大学で重要な行事を乗り越えていった。

（企業） ○○学園は究極なまでの成果主義。前年同月の売り上げを超えないと報奨金や昇給は一切無い。裁量労働制なので残業代は出ない。が"自分のやった事を正当に評価してほしい"という人には向いていると感じた。教育者が集まる研修会で、隣席の先生（北海道の人）に母体塾名を聞かれたので答えたら「超有名ですよ。優秀な方が多い。」と言われた。予備校を経営する会社同士のネームバリューもあるのかと感じた。

🖋（コメント）

学校教育の補完だったり、上乗せだったり、いろいろな役割があります。生徒の能力もかなり幅が広く、それを見極めて最適な講座・科目・講習などを勧めていくのが役割ですね。

人材紹介／営業企画

> ### 人生の岐路に立つ人が自信を持って
> ### 踏み出せるように後押しする

（業界）　人材紹介業における主人公は「転職をしたい人」。その人の人生を決めるのは自分たちの力ではなく、本人があくまでも決めること。そこで、転職という人生の岐路に立つ人が自信を持って踏み出せるように後押しするのが人材紹介サービスの魅力といえる。学生時代に、塾講師のアルバイトをしていたとき、受験という人生の岐路に立つ生徒たちの支援をしていた。その時、自分が一番充実していたので、同じように転職を支援したいと考えた。

（職種）　営業企画の仕事は社内で働く人たちの環境を作る・インフラを作ることが仕事内容だ。今までメールや電話といったある種アナログのやり方をしていたところに、SNSサービスを導入するプロセスを考えたり、またはその業務自体を切り離して外注を手配したりもする。「人と人とのマッチング」はアナログな部分が多く、作業の中に「当たり前と思っていた……」という部分が多い。そこを変えていく。そのためには課題発見力が大切だと思う。感覚で考えるのではなく、1つ1つの仕事を数値化して見える化しなければいけない。これは大学時代に金属材料の研究をしていて、「なんで」を追い駆けて、客観的にとらえる力が身についたことが活かせている。

（企業）　○○社は感性の会社であるところが魅力だ。利益を気にせず、世の中・自社にとって良いと思ったことをまずは始めて行く社風が良いと思った。理系の世界をずっと生きてきて、理詰めで物事を考えてきた自分にとっては新鮮な空気を感じた。

🖊（コメント）

自分にあるもの（理系的センス）を活かして職種を選び、自分にないもの（感性で決める）を持つ企業を選ぶ。両方の視点があって興味深いですね。

人材紹介（海外）／セールスマーケティング

> ### 外国人の考え方などを取り込む事で
> ### 良いアイデア・サービス・ビジネスが生み出す

（業界） 今後、人口減少が目に見えている日本において、優秀な外国人に日本に向いてもらうため「外国人の採用・紹介に特化したサービス」を提供する・取り組むことは非常に重要ではないかと考えた。日本人だけの考え方ではなく、外国人の考え方などを取り組む事で良いアイデア・サービス・ビジネスが生まれると感じた。前職ではベトナムで働いていた経験があり、たくさんの外国人と一緒に仕事をしていて、大きな可能性を感じた。オープンやダイバーシティという考え方が広まっているとは言え、まだまだ抵抗感や何から始めたら良いか悩んでいる人や企業が多く、その手助けが必要だと感じた。

（職種） 人が何かを買う際に、「事前にインターネットで調べて、決めている」というビジネスのデータがある。WEBサイトや広告を使って、興味を高めるのがセールスマーケティングの仕事。「これって意味あるの？」という未だに旧態依然のやり方や根性論などが残っている。それを、営業やマーケティングにおいて仕組み化して、改善できる事に面白さがあると感じた。

（企業） 海外の大学と協力し、理系学生に日本語を教え、その学生たちに日本での就職の機会を提供するスキームはありそうで無く、アジア全域に展開している企業はほとんどない。○○社はそういったエッジの効いたサービスを提供できる。人材会社、何万社とある中で○○社は代替のきかないサービスが提供できていて、非常に強みだと思う。

🖋️（コメント）
グローバル化が進んだいまの世界で戦うには、日本人の感性だけではもう限界です。海外の人材から新しい刺激を生み出すことは大きなビジネスチャンスになるはず。

人材派遣／営業

働く人の伴走者になれる

（業界）「働く人の伴走者になれる」ことが人材派遣業界の魅力だといえる。派遣業は派遣社員が契約の続くかぎりは5年でも10年でも関係が繋がっていく。定期的に職場を訪問し、悩みなどヒアリングし、問題があれば解決するように派遣先と交渉することができる。担当する派遣社員の職場の中の深いところまで入っていけるのが特徴だといえる。人材紹介や求人広告ではそこまではいけない。大学のゼミ活動で中小企業について学んだ際に、東大阪の町工場を回り、中小企業の窮状を体感した。当時、銀行から貸し渋り・貸し剥がしを受けた中小企業がたくさん倒産し、失業者が増えた。働く事に関して悩みを抱える人が多くなり、そういう人たちをサポートしたいと考えた。

（職種）　人材派遣の営業は派遣社員のフォローが重要な役割。悩みや問題点を上手く聴き出すことができると、長く仕事を続けてもらえる良い信頼関係が作れる。職場にある問題をなかなか言えなかったりして、ため込んでしまう人が多い。学童保育のアルバイトを経験し、子供たちの話をよく聞いた。他人の話を聴くスキルを活かしたい仕事がしたいと考えるようになった。

（企業）　派遣会社の中では働く人の立場に立ったフォローや、手厚い福利厚生が魅力と考えます。採用選考の中で、最終面接前に半日のインターンシップがあり、営業社員の方に同行する時間がある。取引先企業3社に連れて行っていただいたが、途中の会話などでフォローや福利厚生に手厚いという話を聞いて、自分の価値観に合うと感じた。

✎（コメント）

これは僕の志望動機になります。会社を辞めて、あらためて魅力に思うのは、仕事を紹介できるという実行力と、働く人をサポートできる（伴走できる）というところかなと感じます。

求人広告／営業

今まで気づかなかった違った企業の魅力を見つけ出すことができる

（業界） 求人広告は求職者・企業に「効率の良い活動」を生み出す。企業の魅力をアピールすることが役割になるが、求人広告会社が入り、外部とのコミュニケーションが生まれることで今まで気づかなかったまた違った企業の魅力を見つけ出すことができる。学生時代、日本中を旅してまわった。有名な観光地を回るだけだとわからない魅力が日本にはたくさんあるがわかりにくい。地域のお祭りに参加し、コミュニケーションの中で見えにくい魅力がわかるようになった。

（職種） 求人広告は先払いサービスのため、お金をもらったものの「人が採用できなかった」というように効果が出ないケースが起こりうる。そうならないために会社が本当に求めている人材はどんな人材なのかをしっかりと形作らないと空振りしてしまう。話を聞くのが好きなのは当然として、相手のニーズをとことん聞き出すための好奇心が必要だ。資格を取ったり、単位の出ない授業でも聴講したりした。熱意で許され、ゼミに3つ入っていた（単位は出なかったが）。新しい発見に喜びを感じた。

（企業） 求人広告は利益をあげるためだけに、やみくもに転職を促したり、企業の良い面だけをアピールしたりしてはいけない。○○社は掲載企業の良い面だけではなく、悪い面もしっかりと広告に反映させる。仕事の中にある大変なことやつらいこともしっかりと記載したことで、応募数は減ったが採用した人が定着したケースがあったと聞き、○○社に魅力を感じた。

🖊（コメント）

求人が載っている広告やサイトがなければ1件1件しらみつぶしに探さないといけない効率の悪い就職活動になります。そして、個人が外からはなかなかわかりにくい魅力も教えてもらえますね。

医療・病院／看護師

> ### その人が、その人らしく「生きること」を楽しむ支援ができる

（業界） 医療を通して健康を維持する。そして、その人が目指す生き方をサポートできるのが医療業界の魅力。その人らしく「生きること」を楽しむ支援ができる。例えば、たばこは体に悪くもちろん禁煙するほうが絶対に体には良いと証明されている。でも「たばこをやめてください」というのは簡単で意見を押し付けて強要しても、心は健康にならない。「どうなりたいですか？」と問いを投げることで、心の健康にも近づくことができる。中学生の時に、あるスポーツの競技者を目指していた。練習が厳しすぎて、心が病んだことがあった。心と体の健康が大事だと知った。

（職種） 看護師はコーディネーターのような役割。患者と医師・家族・地域の支援組織の間を埋めるのが仕事だ。ただでさえ病気で不安なため、言いたいことをなかなか医師や家族に言えなかったりする。患者さん以上に患者さんのことを知ることが大事で、その人のことを一番にわかってあげる力が必要になる。学生時代に性教育のボランティアをやっていて、人とのコミュニケーションスキルを学ぶ場があった。悩みを聞くためには、相手の気持ちに寄り添うことが大切だと学んだ。

（企業） ○○病院は小児医療について総合的に対応できる少ない病院で、子供に対して幅広い支援ができる。大学での専攻で、思春期の精神的な支援をテーマにしていたため、心理学的なアプローチも学べる可能性があると考え、自分のキャリアを作っていけるところに可能性を感じた。

🖊（コメント）

医師や看護師の方に「○○してくださいね」と言われても、日がたつとついつい怠けてしまいます（笑）。単に押し付けては、体の健康は果たせても、心の健康にはたどり着けませんね。

福祉(こども発達支援センター) ／支援者

子供たちの自己肯定感を高めるために、周りが認める環境作りをする

（業界）IT技術が進歩し、コンピューターではできない臨機応変に行動する力が求められてくる社会の中で、淡々と仕事をこなす人材は、活躍の場を失っていくかもしれない。社会的な問題としてグレーゾーンを持つ子が増えている中、幼少期に能力を伸ばすことがとても重要になっている。子供たちの自己肯定感を高めるために、周りが認める環境作りが支援センターの役割と言える。小学校教員のときグレーゾーンと言われている子どもほど自分に自信がなく否定的な考えをしていることに気づいた。保護者も共働きが多く毎日が必死で子どものことに気づかないことが多く、より子どもたちを早い段階でケアする環境が必要だと感じた。

（職種）決して高い理想を追い求めない・押し付けないことが大切になる。保護者の思いと子どもの思いが一致しないときもあるが、両者の橋渡しとなり専門家として近づけていくことが仕事である。細かくそれぞれの子どもに応じてステップアップするため他と比べず、その子個人をみていく。在学中に障害者の移動支援をアルバイトで経験した。1番は幼少期時代の悩みであると保護者から聞いた。

（企業）自宅の近くにあるこども発達支援センターを見学し、支援員が連携を取り合う様子に良さを感じた。集団生活に重点を置く学校教員と保護者の求めることにはズレが生まれる。その子供らしく生活できるようにするには職員同士や保護者との連携が非常に重要になってくる。その環境があると感じた。

🖊（コメント）

時代の変化の中で、障害を持つ人たちも働く場や求められるものが変わっていきます。それに対応できるようにするための支援をするのがセンターの役割です。

福祉（障害者生活支援センター）／支援者

当たり前に本来持っている「○○をしたい」という気持ちを支える

（業界）　身体や知的などを理由に、できないことがあったり、やりづらさを抱えたりしている方がいる。障害者福祉は、その人自身が健常者と同じように当たり前に本来持っている「住み慣れたこの地域で暮らしたい」「一人暮らしをしたい」「○○をしたい」という気持ちを支えるサービスだと思う。学生の頃のボランティアやアルバイトで、車椅子の人や知的障害の人と外出したり、遊んだりした経験が大きい。

（職種）　介護は医療ではないので「できないことをできるようにする訓練や教育」ではないが、地域で日々の生活をもっと豊かになるような支援をしたいと感じていた。一緒に工夫して何かやってみよう、ご本人の意見を一番に叶えるにはどうしたら良いか、など考えられる仕事にやりがいを感じる。ただ、毎日の出勤時間や就労時間が利用者に合わせるために変動しやすく、体調管理が一番の課題だった。特殊な働き方だったため、自分と同じような働き方をしている友人がいないので、仕事の悩みの相談など気持ちをコントロールすることも大切だ。

（企業）　学生の頃は「NPOはなんでも提言していけるのでは」という革新的なイメージを持っていたが、法律や制度の壁が予想以上に厚く、自分の力ではどうにもならないときの葛藤があった。だが、地域に根差した組織だから（いわゆる大企業ではなかったため）、まだサービスについても足りない部分があったりした。だからこそ、それを一からできるようにチャレンジすることができた。

✒ (コメント)

当たり前のことができず悩んでいる方がたくさんいらっしゃいます。そういった人たち1人1人に寄り添って、やりたいことを支えていく仕事ですね。

行政サービス（市役所）／職員

利益に縛られず社会に必要なサービスを考え、提供できる

（業界） 市役所には福祉・医療・子育て・教育といったサービスがあるが、それらはもちろん市民から得た税金で支えられている。利益に縛られず社会に必要なサービスを考え、提供できるのが公共サービスの魅力といえる。学生時代に東日本大震災復興や海外ボランティアに参加していた。その活動の中で、行政サービスができることの多さを知った。本当に助けが必要な時、対価を払える余裕がない人々に対し無条件で助けの手を伸ばせるのは行政サービスだけ。自分の望む社会貢献ができる場所なのではないかと感じた。

（職種） 市役所職員の仕事は部署によって多岐にわたる。ということは、部署異動によってさまざまな分野の仕事に関わることができる魅力があると感じた。困ったときに助け合える世界になるよう貢献したいと考え就職活動を行っていた。世の中には多種類の問題が多く、多角的なサポートが必要なことが多い。部署異動があるため、様々な分野を経験し、多様なアプローチができるようになりたいと思った。

（企業） より身近な人の支えになれることを考え、地元のある市役所を志望した。生まれ育った街であること、家族や友人が多く暮らす街であること。その人たちが困った状況になったとき、行政サービスの力を使って助けることができる可能性があると考えた。そして、〇〇市が教育分野に力を入れているところにも魅力を感じた。小中一貫校の構想が立っており、教育行政の中で支えたいと感じた。

🖊（コメント）

行政サービスほど、費用対効果という視点から良い意味で離れている業界はありません。営利企業がそれを意識するあまり行えないサービスを行政なら行えるといえます。

国際協力／職員

人々や国同士が信頼で結び付けられる社会を生み出す

（業界） 首都機能の改善・貧困地域への支援・産業振興など、国全体の発展の道筋についての議論を担当国の政府と重ねながら、どの様に発展させていくか、日本のできる必要な支援は何か、を日々考えて仕事をしている。こうした日々の努力を通じて、相手国の人々の親日感情を生み、ひいては人々や国同士が信頼で結び付けられる社会を生み出すことに貢献できる。

（職種） 担当国について歴史や経済・文化も学ぶことが求められる。資金協力に関わる場合には融資審査のために経済学を学び、上下水道関連支援を担当する際には浄水場の仕組みなどを学ぶ。学ぶことが幅広すぎて、担当職員によって知識量や力量の差が大きい。専門分野を定め、こだわりを持って自らのキャリアを主体的に構築していかなければならない。私は南アジア・資金協力を軸にそれに従ったキャリアパスを辿ってきた。主体的にキャリアを築くことができた。

（企業） 様々な枠組みを通じて大きな影響をもたらせる組織で働いてみたいと考えていた。良い事業を実施すれば、国民の日本に対する感謝を集め、親日感情を高めることができる。仕事のやりがい、可能性の大きさが魅力だと思った。現在は電力事業の改善に向けた支援を担当していて、投資を呼び込むためにどの様な政策改善が必要かアドバイスをしている。日本による支援に対して感謝されることが多く、先人の方々の積み重ねてきた努力の大きさを日々感じている。

✎（コメント）

スケールの大きな話です。海外で仕事をする業界・企業はたくさんあって、結果的に感謝されて親日感情が高まる、というのはあると思いますが。それを第一のミッションとしているのはとてもやりがいにつながります。

司法書士・行政書士事務所／総務担当

将来に対する不安を法律という力で安全に解消する

（業界）　身近に頼れる親族がいない、財産管理は専門家に任せた方が安心できる等、法律サービスを使う理由は様々だ。ご本人に財産管理や行政に関する手続き等を行う心配をさせず、法律サービスは手助けをしていくことができる。将来に対する不安を法律という力で安全に解消することができる魅力がある。大学で専攻した社会学では、大きな意味での社会問題を扱うことが多かった。高齢化社会のなかで相続や遺言というこれからの社会問題に興味があったことが今につながっている。

（職種）　書類作成、電話応対、接客、経理、備品購入など働きやすい環境を作るという総務的な仕事を担当している。前職では分割された業務の中の一部を担当していた。一つの分野を深く追究する仕事も楽しかったが、現職では総合的なことを経験できるので自分の成長にとってプラスだと思った。学生のころ、ホームセンターで接客のアルバイトをしていて、レジでの細かいお金の管理はもちろん、在庫の品出しや管理、働く人たちが使う備品管理など職場の環境作りを行った。覚えることが多く、バイトの時間がアッという間に過ぎていったのを覚えている。幅広く仕事をする視野・経験が成長につながった。

（企業）　小規模な組織のため自分の意見が直接所長に伝わり、風通しが良い点が利点だと考える。スピード感があって、すぐに伝わるところが良いと思った。必要なものを必要な時にスピーディーに決められたりできる魅力もある。

✒（コメント）

「安全に解消する」という点がキーワードですね。法律に関する専門家が、間違いなくサポートしてくれるわけですから。ただ単に問題を解決する、とは違います。

エステ／エステティシャン

お客様と一緒に効果を実感できる・共感できる

（業界）　エステというサービスはお客様と一緒に効果を実感できる・共感できるサービス。お客様も、施術をする自分も、目で見て良くなったところがわかり合えるところが魅力だと思う。学生のころに、肌に悩みがあり、エステのサービスを継続的に受けたことがあった。毎回施術を受けるたびに、肌の状態がよくなっていき、コンプレックスが解消されていった。担当した方も一緒になって喜んでくれたことを今でも覚えている。そうやって視覚的にも効果が実感しやすく、サービスをする側・受ける側一緒になって喜べるところがこの業界の魅力といえる。

（職種）　高校の終わりからカフェで接客のアルバイトをしており、他人とコミュニケーションをとることが得意だった。エステティシャンの仕事は、狭い空間の中で、ある程度の時間をお客様と過ごす。ちょっとした会話やコミュニケーションで空気が和むことが多く、大切なことと考えている。少しでも和める空間を作る力が大切だと思う。

（企業）　年功序列ではなく、人を見て、能力や結果で評価をしてくれるところに魅力を感じた。自分が頑張れば頑張った分だけ給料があがったり、昇進につながったりする環境が良いと思った。中・高と運動部に所属しており、年齢に関係なく良いパフォーマンスをすればレギュラーに選んでもらえた。そういった環境で働きたいと考えた。

✏ (コメント)

サービス業界は業界の中でも特に消費者に近いところにいますので、反応をダイレクトに伝わる、という特徴があります。その中でもエステは特に「視覚的」に確かめられるという側面がありますね。ただ、エステ業界とエステティシャンという2つを分けて考えるのはなかなか難しいかも。

旅行代理店／カウンター接客

人生を豊かにしてくれる余暇を、最も充実に過ごすサポートができる

（業界）　人生を豊かにできるかどうかは「余暇をどう過ごすか」で決まるのではないかと思う。旅行はその余暇（長期休暇）を最も充実させてくれる力がある。学生時代、夏や春の長期休暇になると必ず旅に出た。海外に3カ国、国内に10カ所。旅先にあった人との出会いや、一瞬の風景の記憶が、余暇の後にある大変な授業生活やアルバイト生活に活力を与えてくれた。そういった旅行に関するサービスを提供できる業界に魅力を感じた。

（職種）　カウンター接客の仕事はお客様が煩わしいと感じる、旅行についての細々した手続きを代わりにすることだ。宿泊先の予約をしたり、新幹線や飛行機のチケットを手配したり。そういった作業が面倒で、旅行がおっくうだと答える人が多い。細々とした作業を代わりにサポートすることで旅を身近に感じてもらいたい。オープンキャンパスのスタッフをしている際に、大学に来場する高校生に細かいアドバイスをたくさんしてあげた。大学に入るための面倒な手続きがたくさんあったが、うまくサポートをしてあげられた。大学を身近に感じてもらえて嬉しかった。

（企業）　○○社のインターンシップに参加した際に、社員の方から話を聞く機会があった。「インターネットでの販売に強い」という話を聞き、これからのネット社会の中で強みを発揮していくのではないかと感じた。特に、旅行代理店は競合他社が多い業界のため、何か1つでも他社に負けない強みを持つ会社で働きたいというマインドがあった。

🖊（コメント）

僕も旅が好きで、休みになると家をよく飛び出しました。その時の出会いや経験があるからこそ、日常の生活にもまたハリが生まれ頑張れるんですよね。

エンターテイメント（テーマパーク）／広報

親も子も一緒になって楽しめる場所を提供する

（業界）　世の中では子供は笑顔になれる場所でも親には面白くなかったり、また逆のパターンもあったりする。テーマパークは親も子も一緒になって楽しめる場所を提供している。そして、日常的に何万人もの「笑顔の連鎖」を作り出せることはなかなかない。海外で留学中にちょっとしたミュージカルのようなものに出演する経験をし、エンターテイメントで人を笑顔にすることに魅力を感じた。

（職種）　広報職の直接の「お客様」は、マスメディア関係者。その人たちとの関係性をいかに良好に保つのかが、自分たちの仕事の出来栄えを決める。テーマパークは春夏秋冬シーズンごとにイベントを変え、また新しいアトラクションを次々生み出していく。一度取材してもらって終了、ではなく、次の新しいものを毎回取材してもらいたい。そのためには、相手が何を考えているのかを常に考え、取材しやすい環境を整備しておく必要がある。広報は一見華やかなようだが、現場で働く人に協力をお願いして回るという愚直な調整も必要だ。そういう仕事の積み重ねが、メディア関係者との関係性を良くし、次の取材へとつなげることができる。

（企業）　「人」が企業選びの上で重要な価値観だった。研修のときに、テーマパーク内のスタッフを経験し、現場で働いている従業員が熱意を持って支えているのかを知る良いきっかけとなった。○○社には優秀な社員が次々に入ってくるが、みんな「この会社を成長させたい」というモチベーションにあふれている。

✒（コメント）

笑顔の連鎖、というキーワードが素晴らしい。親も子も一緒になって〜、というのも業界ならではのキーワードです。魅力的な言葉ですね。

エンターテイメント（音楽）／営業

人の感情を動かす、感動を作る、感動を届ける

（業界） エンターテインメントには人の感情を動かす力がある。音楽はその中でも、それ自体で楽しめるものでもあるが、自分で歌ったり、曲に合わせて踊ったり、それを活かしていろいろな楽しみが生まれて、相乗効果を作り出すことができる。そのために、楽曲を作り、ヴライブを企画し、アニメを制作し、アーティストを発掘して育てる。「音楽（感動）を作る」「音楽（感動）を届ける」という役割を担っている。あるアーティストが好きだったが、地方に住んでいたため、ライブ等に行く機会がなかった。上京をきっかけにライブに行くようになり、音楽業界に興味を持った。

（職種） アーティストが主軸なため、営業としては柔軟な適応力が必要になる。無茶な仕事（いきなりイベントのMCをしたり、商品を取りに新幹線で移動したり）を振られたり、スピード感を求められたり（急に大阪でラジオに出演するからライブを開きたい、会場を数日以内に抑えて欲しい）。など対応できなければいけない。時勢や流行による影響が大きいため、それを逃してはいけない。大学のゼミ活動で指導教官が思いつきですぐに行動する人だった。ゼミ長として先に想像して、準備を行った経験が活かされた。

（企業） 尊敬できる経営者のもとで働きたいという価値観があった。経営者が尊敬できないと、入社しても続けられないと思った。忙しく、変化が激しい業界のため、経営者が非常に危機感をずっと持っていて、それがチャレンジにつながる風土があると思った。

✎（コメント）
音楽を聴いて、心を揺さぶられた・感動をしたことがないという人はおそらくいないでしょう。ほとんどの人が触れたことがある業界ですね。

ブライダル／ウェディングプランナー

親が子に持つ愛情を式という形で演出し、想い出に変える

（業界） 高校時代、車で丸1日かかる遠方の他府県にサッカー留学をした。怪我をしてサッカーができず、落ち込んでいるときに両親がよく励ましの電話をくれた。親の愛情を深く実感し、将来は親の愛情を形にできるサービスを提供したいと考えた。結婚式はもちろん結婚する当人同士が主役であるが、風習として金銭的な親の援助が多くあったり、親の名義で招待状を書いたり、親が取り仕切るものだった。育てた子が独り立ちをするのを送り出す最後の場でもある。そんな場を演出するのがブライダルの役割といえる。

（職種） 心の奥にしまってあった「人には言えない大切な想い」、それを紐解き形にしていくお手伝いをするのがウェディングプランナーの仕事。お客様の表情の変化を見逃さないで、言葉の裏側にある想いを感じ取ることができればお客様に寄り添えて、信頼されることができる。大学の時、コーヒーショップでのアルバイトを経験し、常連客と会話をよくしていた。お客様の小さな変化を見つけて会話をするのが楽しく、他人の変化を感じ取れるスキルを活かした仕事がしたいと考えるようになった。

（企業） お客様にとことん向き合う姿勢が、しくみ化されている点が他社にない魅力だと考えた。カスタマーセンターというお客様の声を集める専門の部署を設置しており、そこでは、アンケートを待つのではなくお客様に電話をかけお声を取りに行くという積極性があると聞いた。

（コメント）
結婚式は当人同士の意思や気持ちをどう反映するのか、も大事ですが、その陰で親の愛情を形にするという側面もあります。とても心に響く言葉でした。

航空／グランドスタッフ

出張や旅行といった長距離の移動を安全に、定刻に、サポートできる

（業界）　航空業界は飛行機を安全に定刻に飛ばすという目的を一致団結して達成することが役割と言える。そうすることで、出張や旅行といった長距離の移動を安全に支えることができる。航空に関わる様々な職種、協力会社、多くのひとが力を合わせて安全を作っている。大切なことは情報共有をしっかりと行うこと。悪天候だったり、整備不良が起こったときだったり、各部署・他空港と連携を取り、出発し無事に到着することができ安心した。

（職種）　グランドスタッフは定刻、安全に目的地までご案内するためのお客様情報を確認することが大切になる。それぞれのお客様（お仕事、ご旅行、お身体の不自由な方）に合った接客が、限られた時間内で必要となる。遅延・欠航の際に、お客様をご案内するのは地上職員だが、その際に不安に思われる方に対して、情報を正確・丁寧にご案内したことで、後日お褒めの言葉をいただいたことがあった。わかりやすい、相手の立場に立ったコミュニケーションが大切だ。

（企業）　東京・大阪といった場所に本社がある大資本の航空会社ではなく、地方の小規模な航空会社だからこそ社員の名前と顔が一致することができる。他部署（整備士、運航管理、等）、他空港の職員との連携が、図りやすいというメリットがある。よくご利用になるお客様に対して、事前に好みの座席指定やご要望を全職員が共有・把握することがスムーズにできた経験があり、○社の魅力だと感じる。

✒(コメント)

長距離の移動を、安全に、予定通り定刻に達成できるのは利用者にとってはとてもありがたいことです。でも、その当たり前を当たり前にこなすため、多くの人が見えないところでサポートしています。

航空／グランドハンドリング

お客様を安全に目的地へお連れする

（業界）　安全に目的地へお連れすることが、航空業界の使命といえる。ま
た、安全に目的地へお連れするだけでなく、ご搭乗になる一便がより良
いものになるよう、楽しんでもらえるようにサービスを提供する。そうす
ることでより多くのお客様に利用していただけることに繋がっていく。子
供のころ、空港を初めて訪れた時にこれから旅行や仕事へ行く人たちの
ワクワクした気持ちで不思議な空間に感じた。お客様の旅に何かプラス
アルファでして差し上げたい。

（職種）　お客様が求めているものは「安全と定時制」、それを守る到着・出
発の作業を担うのがグランドハンドリングの仕事。正確な作業を行うこと
で安全に繋がり、「焦らず当たり前のことが当たり前にできる」ように日頃
から作業をしている。決められた作業で楽をしたり、怠けたりすると命の
危険が生まれる事故の可能性が出てしまう。大学までバレーボール部に
所属していた。狙いとする点の取り方を考え、プレッシャーのかかる試合
でもミスなくできるように何度も繰り返し練習をした。その積み重ねが、
あたりまえとしてできるようになった。

（企業）　ランプ作業以外に、旅客サービスやオペレーション業務にチャレ
ンジできるのがこの企業の良いところ。航空会社は作業や役割によって
分社化されていることが多いが、〇〇社はそうではない。仕事の幅が広
いことに、キャリアアップしていける可能性を感じた。説明会・インター
ン・内定式でしっかりと話を聞くことができた。

✎（コメント）
長距離の移動を安全にかなえる、というのはシンプルですが大切です。ほん
の些細なことが、人命に関わる事故につながった例もあります。大きな責任
感を背負って、皆さん働かれています。

鉄道／駅務・窓口対応

鉄道でつながる限り、日本の地域を活性化させる

（業界）　鉄道は全国を結び、通勤・通学・旅行・ビジネスなど多岐にわたり移動を支えているが、人を運ぶというサービスで終わらず、エキナカ開発・スイカ（決済事業）も展開している。移動先にある駅が開発され、そこで人がお金を使う。鉄道でつながる限り、日本の地域を活性化させる力があると感じた。海外で生まれ、日本に戻っても転校を繰り返した。友人たちが言う「地元」という意識が無いまま育った。そのため日本全国が自分にとってふるさとであり、地元だと感じていて、活性化させたいと感じた。

（職種）　空港から来る特急列車の到着駅ということもあり、海外のお客様を多くお迎えする機会があった。海外のお客様向けのフリーパスの販売を担当したが、疑問などについて一緒に考えたり、答えたりする経験を積んだ。学生時代は国連のPR活動として、百貨店や駅前で寄付金を集める募金活動を行っていた。お世話好き、という性格がこの仕事に生きていると感じた。自分から声をかけていく、という姿勢が大切だと感じた。

（企業）　○○社は沿線上にある地域の発展に貢献しきれていない点が大きな課題としてあった。インバウンド客の多くが京都・大阪・広島の切符を求める方が多く関東圏の鉄道会社はまだまだ未整備と言われている。業界でナンバー1ではないがゆえに、上を目指す社風に魅力を感じた。企業努力によりバリアフリー・駅のナンバリングやホームドアの導入、お客様満足度の向上にチャレンジしている。

🖊（コメント）

ここ数年、特に駅の改修が行われ、エキナカのショッピングモールや飲食店も魅力的なところが多くなりました。人を運んだ先でもビジネスを展開し、発展に貢献できるのも魅力の1つです。

道路（高速道路）／総務

日本の東西の物流を支える大動脈として交通網を支えている

（業界） 管内だけでも年間約700万台もの通行実績があり、日本の東西の物流を支える大動脈と言われている。物流の約9割がトラック輸送で成り立つ日本において高速道路は欠かせないインフラだ。仕事やプライベートで高速道路を利用される方の利便性の向上を図っており、日本の交通網を支えているという魅力がある。家族がインフラ関係の業界にいるので元々興味があった。旅行と運転が好きで交通関係に特化したインフラ業界に焦点を絞った。

（職種） 総務の仕事は、他の業界業種においても基本的なやりとり・仕事内容は変わらない（例えば社会保険関係の手続きを例に言えば、日本で働く限り作業は同じ）。一度スキルを身に付けてしまえば他社でも応用が可能な部分については魅力といえる。担当分野は福利厚生事業などがあり、さまざまな社内向けイベントを企画立案し、働きやすい環境を整えることが仕事になる。例えばボウリング大会を開催したことがあり、社員の士気向上に努めた。また、休日の余暇を充実したものにするため、外部のリゾートホテルやゴルフ施設とも提携し、社員の士気向上に尽力している。

（企業） 道路管理会社は、縦社会の縮図のような気配が未だに残っているが、もともとは国営事業ゆえに安定しており、内部統制がしっかりしている。ある意味、人の命に係わるものを管理するうえで、組織やルールがしっかりとしている組織力に魅力を感じた。

🖊（コメント）
旅行などの長距離移動で利用している高速道路。たくさんの人が安全に利用できるために整備してくれています。その支えがあるからこそ、都市同士がつながり、人や物資が行き来できます。

キャリアデザインルーブリック

☑ルーブリックって？

　いま、密かに大学教育で話題になっているのが「ルーブリック」。アメリカの教育学者が始めた取り組みで、授業の達成基準や評価尺度を明確にするために使われ始めました。

　僕はいまそれをキャリアセンターで行われているキャリアカウンセリングに応用できないかと研究をしています。相談内容によっては、指導する側も学生も方向性があいまいになってしまうことがよくあります。特に「将来何をやりたいのか？」というテーマについて話し合っていたりすると、答えが見えずに、お互い迷路に迷い込んでしまう。最後は「まあ、人それぞれだから……」とぼやけた結論になりがちです。それを解消することがねらいです。

☑使ってみよう！

　図40が「キャリデザインルーブリック」です。職業選択のための準備をすることが課題になっていて、今の自分に足りないものが見えてきます。本書で紹介した職業選択のために必要なことを自分に当てはめて振り返ってみてください。

　このルーブリックは縦に7つの評価観点、横に4つのstepから構成されています。縦の項目ごとについて、step1から4まで読み上げてみて、「自分は今どのあたりにいるのかな〜」と考えてみてください。

　まずは、step3にたどり着けるようになっていきましょう。step4は「ここまでいけば最高！　理想だよね〜」というエッセンスにしています。だから、ちょっとハードルが高いかもしれません。

■図40：キャリアデザインルーブリック

評価の観点と説明	Step1（ゼロからのスタート）	Step2（視野の広がり）	Step3（到達したい目標）	Step4（理想的な状況）
①働くことへのモチベーション 「働くことに対しての気持ち・心の在り方を考える。前向きにとらえられているかどうか。	「働くこと」と言えばアルバイト先の社員というイメージが持ち・偏った層の人しかイメージが持てない。働くことに対して前向きでない気持ちが持てず「本当は働きたくないなぁ…」とネガティブな感情がある	身近にいる社会人（家族、友人、先輩など）から働くことについてのポジティブな話を聞いたことがあり、働くことに対して前向きな人もいることを知っている。	働くひとから話を詳しく聞いたことがあり、社会人になって積極的に動きたい・頑張りたいというポジティブな感情が芽生えている。	複数の働くひとから話を聞いたことがあり、ポジティブな気持ちで働いている自分を頭の中で想像できている。
②職業観の成長 キャリアを選択していく方向性を考える。自分の中心にある興味・関心だけにとなっていないか。	1人称の視点でしか、選択の基準が無い。「自分にとってどんなプラスがあるか」という自己中心的な視点しか持てていない。	自分のために働くことも大切だが、他の何か・誰かのために働くという視点に気づいている。自分の中に問いかけていた矢印が外に向きはじめている。	自分にとってのプラスだけではなく、他者にどんなプラスを生み出せるのか(2人称の視点)を考えられている。	自分にとってのプラスだけではなく、働くことで他者にどんなプラスを生み出せるのか(2人称)、世の中にどんなプラスを生み出したいのか(3人称の視点)を考えられている。
③興味・関心 学生時代の体験などから生まれる学問や専攻から生まれている興味・関心について考える。	アルバイト・専攻学問・ボランティア活動・部活・サークル活動・資格取得・趣味といった活動や経験があるが、ただやるだけになっている。そこから興味・関心が見つけだせていない。	過去の活動・経験を広く振り返ることができていて、そこから興味・関心・知識・問題意識が見つけ出せている。	経験から生まれた興味・関心や意味や価値を感じるものが理解できていて、「キャリアデザイン」につながることが理解できている。	興味・関心から生まれたテーマについて書籍を読んだり、人に話を聞いたり、調べることができている。個性的なものに発展できている。
④長所・能力 学生時代に頑張ったことややや力を入れた経験から長所や能力について考える。	過去の活動・経験を広く振り返ることができていて、そこから自分の長所・能力が見つけられていない。	過去の活動・経験を広く振り返ることができていて、そこから自分の長所・能力が見つけられている。	経験から生まれた長所・能力から強みが理解できていて、「キャリアデザイン」につながることが理解できている。	長所や能力を他人と比べられていて、「秀でているものとして」自分の強みとして理解できている。自分の強みとして感じ取れている。

⑤業界の理解 業界とは商品やサービスで分けられている。自分の中の興味・関心と業界とのつながりを考える。	「業界」というと食品やアパレルといった身近なものを扱う業界しか思いつかず、偏った知識になっている。そもそもどんな業界あるのか知らない、それが大切なこととは思っていない。	総務省の「日本標準産業分類」を見たことがあり、99種類どんな業界があるのか全体像が把握できている。	それぞれの業界にどんな特徴・役割があるのか理解できている。そして、自分の興味・関心につなげた1つの選択ができている。	志望業界について特徴・役割が調べられていて、3人称の視点でどんなプラスを生み出したいのかを自分の言葉で説明ができている。
⑥職種の理解 職種とは仕事の中身や業務内容で分けられている。自分の長所・能力のつながりを考える。	「職種」というと営業職は大変そう…、というイメージだけにとらわれていて、偏った知識になっている。そもそもどんな種類があるのかも知らない。	就職情報サイトにある職種一覧を見たことがあり、どんな職種があるのか全体像が把握できている。	それぞれの職種ではどんな仕事内容があるのかを理解できている。そして、自分の長所・能力とつなげた1つの選択ができている。	志望職種について詳しく仕事内容が調べられていて、2人称の視点でどんなプラスを生み出したいのか自分の言葉で説明ができている。
⑦ライフプラン 社会人生活の中で、どう生きていきたいか、どんな環境・条件を求めるか、価値観を考え、明確にする。	将来どんな生き方をしたいのか、どんな毎日を過ごしたいのか、じっくりと考えたことがなく、ぼんやりとしかイメージできていない。	現代の社会問題や経済状況を理解し、定年退職までの長い時間、どんな人生を送っていくのか一般的なものが理解できている。	自分らしく生きるために、どんな場所で、どんな環境で、どんな条件で働いていきたいのか価値観が明確になっている。	長い人生の中で、年齢・性別によってそれぞれのステージがあり、どんなことを重視したいのか自分なりの意見が持てている。

[   ]

	体験談	考え	思いつき
業界について			
職種について			
企業について			

[　　　　　　　　　　　　　　　]

	体験談	考え	思いつき
業界について			
職種について			
企業について			

[　　　　　　　　　　　　　　　　　　　　　　　　　　　　]

	体験談	考え	思いつき
業界について			
職種について			
企業について			

[　　　　　　　　　　　　　　　　　　　　　]

	体験談	考え	思いつき
業界について			
職種について			
企業について			

おわりに

　最後まで読んでいただき本当にありがとうございました。いかがでしたでしょうか？　僕の伝えたいことは理解いただけましたでしょうか。

本書を書く上での悩み

　この本の構想を練っているとき、1つの悩みがありました。「この本を書いたとして、本当に学生たちにとってプラスになるんだろうか……」と。「そんな実例ばかり載せて、学生が書き写すだけじゃないの？」「就活の中で特に志望動機・職業選択は、自分で一生懸命考えることでしょ？」と疑問を投げかけてくださる方もいらっしゃいました。小手先のテクニックを授けて、考えることを放棄させているのではないかと。ご意見はごもっともで、とても参考にさせていただきました。

　僕の意見としてはこうです。本書で提案した内容はもちろん完璧な、完全なものではないと思っています。どちらかというと基礎といえます。しっかりと基礎を作り上げて、そこから自分らしく志望動機を書いたり、職業選択をしたりして欲しいと思っています。

　ただ残念なことに、今の大学生を取り巻く環境の中で、その基礎を作り上げるためのチャンスがあまりにも少ない現状があります。志望動機や職業選択というテーマをキャリア教育の授業ではあまり扱わなかったり、就活本も無かったり。そのため就活の時期になると、方向性すら見つけられず、停滞してしまう学生が本当に多い。

　いろいろなご意見はあると思うのですが、僕はやはり就職支援を仕事にしている身です。一般の社会人が思うように「そこは自分で考えないとね〜」とは言ってはいけない立場にいます。それを生業にしているからこそ、学生たちが一番悩み苦しんでいるところに向き合わないでどうするんだと思っています。だから本書のテーマについて書くことを決めました。

　僕の師匠・森吉弘さんがよく学生に言う言葉があります。「学ぶはまねる」と。自分らしいものをつくり上げるためには、まずはお手本を真似することから始めて、型を作っていこう。そしたら「型破り」できるようになって個性的になっていくと。

　この本の活用の仕方も同じだと捉えてください。100人の社会人たちが書いた志望動機をそっくりそのまま書き写して欲しいなんてもちろん思っていません。それぞれの人たちが考えたものを手本にして、まずは似た近いものでもいいでしょう。言葉を、文章を作ってみてください。そしたら、自分らしくどんどんアレンジしていって、自分のものにしていきましょう。そういう願いを込めて構成をねっています。

就活がショー化して、学生がお客様になってしまう？

　僕が就活をしたころ、就職希望ランキングに、ある採用コンサルティングのベンチャー企業がTOP10入りしました。社員人数100人規模ながら、大手の有名企業の列に食い込んだのです。「おい占部、お前〇〇社のセミナー行ったか？　すごいらしいぞ〜」と友だちの勧めもあり、僕も社会勉強のつもりで会社説明会に応募しました。

　会場は今にも演劇が始まりそうな舞台があり、コロセウムのような席になっていて、まさに「ショー」という感じでした。暗転すると、ド派手な効果音・BGMが流れてきて、経営者が登壇してきます。圧倒されたのを今でも覚えています。

　そんな演出の効果もあり、一躍学生の認知度は高まっていきました。そして、僕もご多分に漏れず、感化されて応募したのを覚えています（笑）。

　でも、採用コンサルティングなんて興味ないわけですから、1次選考で落ちてしまいます。学生の時の僕は正しく選択できる価値観が無かったので、大人たちのテクニックにまんまと踊らされてしまいました（言い方悪くてすいません……）。

　これから少子化が進み、新卒採用の競争が激化する社会になっていくかもしれません。そうなると、企業は学生を確保するために、本質から離れた採

用活動をする企業がどんどん出てくるかもしれません。「嘘をつく」とまでは
いかないまでも、うまく魅せることで学生の好感度を高めることに躍起にな
るかもしれません。

　そんな時だからこそ、学生の皆さんにはしっかりと自分で正しく選択でき
る力を育てていって欲しいと思います。

　ある就職運営サイトが発表した、クライアントのインターンシップについ
てのアンケート調査をご存じでしょうか。その企業が属する業界やその企業
にある仕事に近いものを考える内容よりも、全く関係ないようなテーマでディ
スカッションをしたり、グループワークをしたりした方が、学生の好感度が
良いという結果が出たとのことでした。

　これからもっとその傾向が強くなっていくかもしれません。もちろん、そ
れを求める学生が良くないのか、それを推し進める大人が良くないのか、議
論が必要ですが……。でも、僕としては本来のインターンシップとは、その
業界の特徴や企業の仕事がわかるものであって欲しいと思っています。

　今後の人生の大きな岐路にたっている学生の皆さん。ぜひ悔いのない
ファーストキャリアを選んでくださいね。応援しています。

内定必達 絶対に書ける! 志望動機

発行日　2020年　7月 5日　　　　　第1版第1刷

著　者　占部　礼二

発行者　斉藤　和邦
発行所　株式会社　秀和システム
　　　　〒135-0016
　　　　東京都江東区東陽2-4-2　新宮ビル2F
　　　　Tel 03-6264-3105（販売）　Fax 03-6264-3094
印刷所　三松堂印刷株式会社　　　　Printed in Japan

ISBN978-4-7980-6139-9 C0036